버려진 개들의 언덕

들개, 유기견, 떠돌이 개… 2년간의 관찰 기록

동물권리선언 시리즈 6

버려진
개들의
언덕

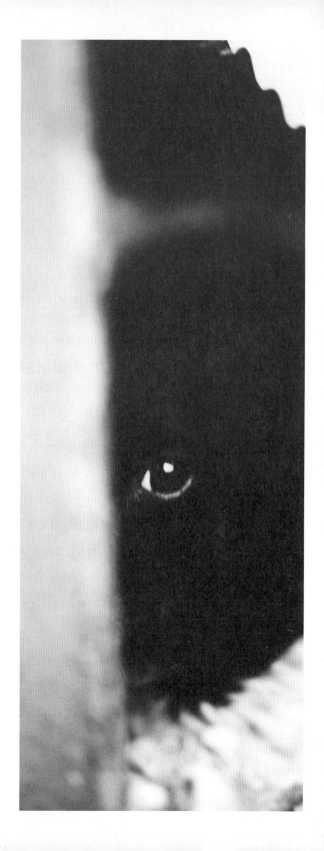

저자 서문

개들도 버려진 아이들처럼
길거리를 떠돈다

1994~1995년의 들개 관찰 기록을 책으로 펴낸 것은 세월이 한참 흐른 뒤이다. 시간을 지체하면서까지 오랫동안 고민한 이유는 관찰 과정에서 느낀 슬픔이 기쁨보다 컸던 탓이다. 나는 보고 들은 걸 충실하게 서술하는 편을 선호하며, 동물 이야기로 독자들에게 지나치게 부정적인 정서를 전하는 걸 꺼린다. 하지만 현실 세계에서는 늘 생각지도 못한 일들이 숱하게 일어난다. 설령 들개라 해도 마찬가지이다. 관찰 과정 중 무섭고 놀라운 광경을 너무 많이 본 탓에 전체 기록 정리를 뒤로 미루다가, 10년을 삭이고 삭여, 마음을 가라앉힐 수 있겠다 싶은 때가 되어서야 내용을 조금씩 원만하게 다듬어 나갔다.

일기 형식의 사실 기록이 환상 속의 동물 이야기처럼 이상적으로 진행될 수는 없겠지만, 나는 적어도 시종일관 한 줄기 희망이 남아 있기를 바랐다. 그래서 어린 시절 꿈꾸던 아름다운 결말에 대한 상상을 계속 이어 나갈 수 있기를 바라는 마음으로 노력했다. 독특한 관찰 방식을 통해 나는 들개가 흔히 보이는 행동을 정확하게 묘사할 수 있었고, 동시에 훨씬 더 많은 긍정의 에너지를 나눌 수 있었으며, 더 따뜻하게 동물을 대해야 한다는 마음이 생겼다.

책을 내기로 마음먹은 또 다른 중요한 이유는 들개를 대하는 사람들의 태도 때문이다. 관찰을 마친 뒤 정부가 집에서 키우는 개에게 인식표를 달도록 하는 규정을 마련했고, 개 관련 법규도 끊임없이 수정되었지만, 개 학대나 독살 등 부정적인 뉴스가 지금도 수시로 신문 지상에 오르내린다. 수많은 방송이나 언론 매체들이 행인을 물고 위협한다며 늘 들개를 폭력배처럼 무섭게 묘사하기만 할 뿐 문제의 본질을 보고 그 안의 원인을 이해하려고 하지 않는다.

최근 개정판 작업을 하던 중 한국어판까지 나오게 되었으니 그 의미가 더 중대해졌음은 말할 나위 없다. 이번 기회에 새로 수정한 이 책을 통해, 개인적인 들개 관찰 경험을 나눌 수 있기를 바란다. 요즘은 도시의 분주한 길거리에서 떠돌아다니는 들개를 쉽사리 볼 수 없을지 몰라도, 교외 여러 농촌 지역에서는 들개 문제가 여전히 심각하다. 들개의 행동은 계속해서 오해를 받고 있고, 개를 학대하는 비인도적인 일들도 끊임없이 일어나고 있다. 동물 생존권에 대한 홍보와 교육이 여러 해에 걸쳐 이루어지고 있지만 효과적으로 개선할 방법이 없음은 분명해 보인다.

작가 한 사람이 할 수 있는 일은 제한적이지만, 그래도 최선을 다해 내 경험을 나눔으로써 책에 나오는 개의 행동에 대한 섬세한 묘사가 들개에 대한 편견을 바꿔 주기를 기대한다. 나는 들개 열 몇 마리 하나하나의 삶과 죽음뿐 아니라 그들 각자의 습성을 담아내고자 노력했다. 들개의 일생을 통해 그들이 도시 환경에서 어떤 도전에 직면하게 되는지에 대한 이해를 높이고자 했다. 어떻게 위험을 피하는지에 대해, 또 어떻게 난관을 극복하지 못하고 실패하는지에 대해.

　많은 이들이 내가 타이베이 변두리의 작은 동네에서 관찰한 이 들개 이야기를 곳곳에서 목격하게 되리라 믿는다. 지역이 다르면 문화도 생활 배경도 달라진다. 하지만 올바른 길은 결국 동물의 생존권을 존중하는 데서 출발해야 한다. 사실상 개들은 버려진 아이들처럼 길거리를 떠돈다. 돌봄을 받지 못하다 보니, 불량소년처럼 위협적으로 굴 때도 있지만, 대부분 열등감에 빠져 자신감 없어 하며, 더 많은 보살핌을 필요로 한다.

　서로 다른 다양한 시각을 통해 우리의 인식이 한층 더 깊어질 때, 들개를 충분히 이해하고 관심을 쏟을 수 있으며, 유기견 문제를 해결할 방법도 찾을 수 있을 것이다. 그래서 나는 늘 장기간에 걸쳐 관찰하고 자료를 축적하는 것이 서로 다른 환경에서 들개들이 보이는 행위를 이해하고 더 나아가 해결 방법을 고민하는 가장 좋은 길이라 생각한다.

　들개와 나의 관계 역시 이 책으로 끝난 것이 아니다. 언제든 기회만 온다면, 시기와 장소만 맞아떨어진다면 다시 한 번 오랜 시간 함께하며, 도시 생활 속에서 새롭고 자연스러운 또 다른 관계를 찾아 나서고 싶다.

차 례

동아

감자와 꼬맹이의 어미.
체형은 왜소하지만 신중하고
조심스러운 성격으로
강한 야성을 지녔다.

감자

동아의 새끼로 어려서부터
야생 환경을 견디며 살아서
기민하고 강인하다.

꼬맹이

동아의 새끼로
감자와 한배 새끼이다.
천진하고 귀엽다.

돼지머리

일본 토종견을 닮은
삼총사의 대장이다.

삼겹이

삼총사의 일원으로 늘
고개를 수그린 채 돼지머리의
뒤를 따라다닌다.
101번지 골목길에서 가장
고집이 세고 기민하다.

귤

삼총사의 일원으로
동아의 새끼인 감자, 꼬맹이와
놀아 주는 모성을 지녔다.
콩나물과 친한 언니 동생 사이이다.

콩나물

아주 잘 짖는다. 낚시터에서
집개와 들개 경계의 삶을 산다.
늘 버려질까 봐 전전긍긍한다.

또라이깜보

하얀색 바탕에 검은 털이 나 있는
점박이. 몸이 작고 통통하기는
하지만 탄탄하고 튼실한 녀석이다.
여기저기 돌아다니는 걸 좋아하는
집시 스타일인데 단백질을 만나 정착한다.

단백질

오토바이 가게에서 집개로
발랄하게 살았는데 버려졌다.
또라이깜보와 충실한
부부가 된다.

반쪽이

단백질의 골목길 친구로
오토바이 가게에서 함께 버려졌다.

무화과

청어와 함께 버려졌다.
사람을 좋아하고 따른다.

청어

무화과와 함께 버려졌다.
천진하고 활달하며
사람을 좋아한다.

산 위 주택가

텃밭

연못
돼지머리, 삼겹이, 굴

낚시터
콩나물

급수탑

뒷동산
동아, 감자, 꼬맹이

무화과, 청어

동아, 감자, 꼬맹이

공터
또라이깡보

쓰레기장
돼지머리, 삼겹이, 굴
무화과, 청어

간이 차고

신하이
초등학교

용수나무
무화과

101번지 골목길

터널

주요 들개 분포도

이야기 속 개들이 머무는 곳을 표시한 마을 지도

시장
또라이깡보

대로

운동장
또라이깡보, 단백질

고압 철탑

잡화점

쓰레기 더미

대로

골목길 입구

오토바이 가게
단백질, 반쪽이

일러두기

이 책은 지난 세기 말, 타이완에서 새로운 쓰레기 수거 정책(Keep the trash off the ground)*이 시행되기 전에 일어난 이야기를 담고 있다. 도시가 길거리를 떠도는 개들을 대량으로 도살하기 전, 그들이 어떻게 살았는지 잊지 않고 마음에 되새기려고 남긴 기록이다.

* 1997년 타이베이에서 시작되어 2000년에 타이완 전역으로 확대 시행된 쓰레기 수거 정책. 이 정책이 시행되어 사람들이 더 이상 쓰레기를 쓰레기장에 가져다 버리지 않고 요일별로 시간에 맞춰 찾아오는 쓰레기 수거 차량에 직접 가져다 버리게 되면서, 타이완에서는 쓰레기장이 전부 사라진다. / 옮긴이

1장
뒷동산에서 보낸
아름다운 나날

📓 1일째(1월)

　　　　　　겨울날 이른 아침, 자욱하게 낀 안개 속에 작고 여린 누렁이 한 마리가 수풀이 무성한 숲을 가로질러 혼자서 산 허리춤의 쓰레기장으로 조용히 걸어왔다.

　녀석은 의심스러운 눈빛으로 주변을 한참 살펴보다가 재빨리 쓰레기장 가까이로 갔다. 쓰레기장은 좁고 긴 골목길 끝에 있었고, 그 옆으로 상사나무 숲이 있는 뒷동산이 자리하고 있었다. 이곳은 101번지 골목길. 늘 더럽고 너저분한 온갖 쓰레기와 버려진 가구가 즐비한 곳.

　누렁이의 이름은 동아. 등 부분에 커다란 홍반이 있다. 집에서 키우는 개에게 이런 홍반이 보이면 대부분의 수의사는 보호자에게 그냥 두면 위험하니 바로 치료할 것을 권한다. 제때 치료하지 않으면 짓무른 상처가 계속 퍼져 나중에는 등 전체를 뒤덮고, 결국 온몸으로 퍼지기 때문이다. 홍반이 온몸으로 퍼지면 온몸이 뜨거운 물에 덴 것처럼 피부가 한 겹 벗겨지고 몸 곳곳이 벌겋게 부어오르며 털도 빠져 몸에 털이 얼마 남지 않게 된다. 그러다가 빠른 속도로 수척해져 결국 죽게 된다.

땅거미가 내려앉으면, 동네 주민들이 쓰레기와 먹다 남은 음식을 쓰레기장에 버렸다. 그러다 밤이 깊어지면 쿵쾅거리며 나타난 쓰레기 차가 쓰레기를 말끔히 치운 뒤 곧 떠난다. 쓰레기를 버리러 오는 주민들과 치우러 오는 쓰레기차를 제외하면 그곳에 오래 머무는 사람을 거의 찾아볼 수 없는 그런 곳이다.

들개들에게는 이곳이야말로 끼니 걱정을 할 필요가 없는 중요한 장소이다. 사람으로 치면 사람들이 가장 많이 모여드는 시장 같은 곳이다. 녀석들은 쓰레기장을 생활의 중심지로 삼고, 온종일 이곳을 어슬렁거렸다. 심지어는 부근에 머물며 다른 개들과 소그룹으로 무리 지어 생활하기도 했다. 뒷동산은 수많은 들개의 거주지였다.

동아는 이 뒷동산에 산 지 좀 된 녀석이다. 눈빛에는 의구심이 가득하고, 온몸에는 팽팽한 긴장감이 감돈다. 사람이 쓰레기장 가까이에 다가오기만 해도 재빨리 산으로 달아난다. 녀석은 골목길에서 사는 들개들과도 거리를 유지한다. 뭔가 숨겨진 사연이라도 있는 듯, 다른 개들과 어울리고 싶어 하지 않는다.

동아가 쓰레기장에 도착해서 보니, 때마침 우연히 나타난 들개 두 마리가 쓰레기 더미에서 식사를 하고 있었다. 동아는 쓰레기장 안으로 들어가지 않고 그냥 옆에 서서 기다렸다. 다른 개 두 마리가 식사를 마치고 자리를 뜨고 난 뒤에야, 천천히 안으로 걸어 들어갔다.

동아는 앞발로 재빨리 음식물을 파헤쳤다. 미리 먹이가 있는 지점을 찍어 두기라도 한 듯, 찾아낸 먹이를 눈 깜짝할 사이에 삼켜 버렸다. 오랫동안 아무것도 못 먹고 굶은 것처럼. 희한하게도 먹이를 다 집어삼키더니 다급하게 쓰레기장을 떠났다.

체격이 동아와 엇비슷한 암캐 단백질이 느릿느릿 쓰레기장에 나타났다. 녀석은 101번지 골목길 입구의 오토바이 가게에서 살고 있다. 하루하루를 유유자적 여유롭게 보내면서, 여기저기 멋대로 쏘다니는 게 낙이다. 자기가 지나쳐 왔거나 뭔가 좀 마음에 들지 않는 차량을 향해 하릴없이 짖어 대는 통에 사람들에게 미움을 받는다.

동아가 단백질을 피해 쓰레기장을 떠난 것은 아니다. 둘은 평소에 만나면 서로 코를 킁킁거리며 냄새를 맡는데, 자기들만 아는 뭔가에 합의라도 하는 듯하다. 그렇게 서로 냄새를 맡다 보면 많은 걸 알게 된다. 단백질이 동아에게 새끼가 있다는 걸 알게 된 것도 그중 하나이다. 또 그렇게 냄새를 맡으며 서로서로 응원해 주고 격려해 주기도 하는 것이리라.

왜소한 체형에 사람을 무서워하던 암캐, 동아(1994년 1월).

사람에게는 개와 같은 이런 예지 능력은 없지만 쉽게 알아챌 수 있는 방법이 있기는 하다. 암캐의 배를 자세히 보면 단박에 알아챌 수 있다. 복부 아래쪽 동아의 젖꼭지가 부풀어 올라 있고, 불그스름하면서도 아래로 축 처져 있다.

단백질은 아무것도 입에 대지 않았다. 오토바이 가게에서 밥을 먹은 후에 그냥 밖에 나와 재밋거리를 찾아 여기저기 돌아다녔다. 집에서 기르는 개들이 지닌 특성이기도 하다. 할 일이 없어 밖으로 쇼핑하러 다니는 돈도 많고 시간도 많은 사람들처럼 말이다. 녀석은 골목길안 이곳저곳을 쿵쿵거리며 뭔가 신선하고 재미난 놀거리를 찾아다녔다. 동아가 산속으로 돌아갈 때도 따라가지 않고, 변함없이 생기발랄한 모습으로 골목길을 휘젓고 다녔다.

뒷동산은 높지 않다. 가장 높은 곳이라고 해 봐야 해발 60미터 정도이다. 동아는 잠시 이곳에 터전을 잡았다. 아래쪽이 내려다보이는 평평한 땅이다. 간신히 살아남은 동아의 어린 새끼 두 마리가 이곳에 숨어 있다. 하얀 놈 한 마리, 검은 놈 한 마리. 이름은 각각 감자와 꼬맹이.

왜 두 마리뿐일까? 먹이와 질병이라는 두 가지 요소를 고려해 종합적으로 판단할 수 있다.

보통 들개 한 마리가 먹을 수 있는 먹이는 얼마 되지 않는다. 영양상태가 좋지 않으면 집에서 키우는 암캐처럼 새끼를 한 번에 여덟아홉 마리, 심지어 열 마리씩 낳는 건 불가능하다. 그걸 고려하면 네다섯마리 정도 낳았을 텐데 단 두 마리만 남은 것을 보니 새끼들이 자라는

피부병으로 온몸에 짓무른 상처가 가득한데도 천진하고 귀여운 꼬맹이(1994년 1월).

과정에서 문제가 있었을 것이다.

밖에선 무슨 일이든 다 일어나는 법이다. 전염성 피부병이라도 걸렸다가는 큰 재앙이 되고 만다.

기후도 중요한 요인이다. 찬 공기라도 불어닥치면 강아지는 동상에 걸리거나 굶주림에 시달리다 순식간에 숨이 멎고 만다. 또 처음 새끼를 밴 암캐의 경우 새끼를 어떻게 돌봐야 하는지 잘 모르고, 젖도 잘 나오지 않아서 젖을 제대로 충분히 물리기도 전에 새끼가 목숨을 잃고 만다.

솔직히 말하면 원인은 너무 많다. 그래서 들개 새끼들이 죽음에 이르는 원인을 이야기하는 건 적절하지도 않고 의미도 없다. 하지만 어떻든 간에 동아의 새끼 두 마리는 다행히 살아남았다. 그것도 이렇게 추운 겨울에. 그것은 감자와 꼬맹이가 건강하고, 살아남으려는 의지도 강한 녀석들이라는 뜻이다.

하지만 현실은 어떨까? 보금자리 가까이로 다가가는 어미를 향해 꼬리를 흔들며 반갑게 맞아 주는 두 녀석을 보면 확실히 알 수 있다. 흙구덩이에서 일어나 꼬리를 흔드는 감자는 말랐지만 탄탄해 보였다. 하지만 허약해 보이는 비쩍 마른 꼬맹이는 그냥 고개만 살짝 들 뿐이었다. 앞발로 몸을 지탱하고는 있었지만, 뒷발을 들 힘조차 없어 보였다.

보아하니 두 녀석 모두 생후 2개월을 넘지 않은 듯하다. 집에서 키우는 강아지라면 이때쯤 살이 토실토실 올라 더할 나위 없이 귀엽고 생기발랄하다. 여기저기 온 사방을 들쑤시고 뛰어다니며 말썽이란 말썽은 다 피울 시기로, 공 하나만 던져 주면 친구 삼아 적수 삼아 숨기도 했다가 공격도 해 가며 온종일 공 주변을 빨빨거리며 돌고 있을 때이다.

그러나 들개 새끼에게 이런 행복한 유년은 없다. 있다고 해도 아주 짧다. 이후 시간은 대부분 어떻게 하면 주린 배를 채울 수 있을지 궁리하며 보낸다. 하루 종일 흙구덩이 안에서 체력을 유지하면서 지치고 허약해지지 않을 방법을 찾아야 한다.

동아가 구덩이로 돌아오자, 감자가 참지 못하고 앞으로 튀어나왔다. 벌써 여러 끼를 굶은 듯, 엄마의 젖꼭지 하나를 꼭 물고 온 힘을 다해 빨기 시작했다. 감자가 젖을 너무 세게 문 탓에 동아는 통증까지 느끼는지 제대로 서지도 못했다. 이 와중에 꼬맹이가 천천히 다가오더니 다른 젖꼭지를 간신히 입에 물었다. 고개를 살짝 들더니 넋을 잃고 빨아 대기 시작했다.

감자가 꼬맹이보다 체격이 크고 튼실했다. 족히 1/3은 더 컸다. 아마 더 어렸을 때 어미젖을 먹는 과정에서 꼬맹이가 감자에게 적잖이 괴롭힘을 당했을 것이다. 아니면 꼬맹이는 아예 젖을 먹지 못했거나.

녀석들의 보금자리인 움푹 파인 흙구덩이 윗부분에 나뭇잎이 덮여 있었다. 이 잎으로 겨울비를 피했겠지만 그 바람에 햇빛도 쐬지 못했겠지. 그래도 다행인 게 건조한 흙구덩이 속은 겨울에는 따뜻하고 여름에는 시원해서 녀석들에게는 따뜻하면서도 편안한 보금자리였을 것이다. 특히 찬 공기가 불어닥치는 겨울에 강아지들이 추위를 피하기 좋은 곳이다.

이런 특성 외에도 동아가 산꼭대기에 보금자리를 마련한 이유가 있을까? 아마 높이가 꽤 되다 보니 아래를 내려다보기도 좋고 공기 냄새를 맡기도 적당한 곳이라는 점이 관련이 있을 것이다. 하지만 겨울이 되면 다른 들개들은 대부분 좀 더 따뜻한 골목으로 찾아든다. 방금 막 시동이 꺼진 차 밑으로 들어가 배기관 아래 자리를 잡고 몸을 덥히는 녀석이 있는가 하면, 쓰레기장 근처의 종이 상자에 들어가 있는 녀석도 있다. 설령 거리를 돌아다니는 암캐라 해도 새끼를 낳으면 온기

가 느껴지는 인가 귀퉁이에 자리를 잡는 편인데 동아는 다른 개들과
는 달랐다. 간섭받지 않고 마음 편히 새끼를 키우고 싶은 마음 외에도
신중하고 조심스러운 성격, 강한 야성이 남아 있었기 때문이리라.

하늘이 어둑어둑해지고 공기가 차가워졌지만, 동아는 산에서 내려
가지 않았다. 지금 내려가 봤자 먹이 찾기는 글렀다는 걸 잘 알기 때
문이다. 땅거미가 내려앉은 뒤에야 누군가 쓰레기를 버리러 오겠지.
동아도 새끼를 낳아 기르기 전에는 자주 골목길 입구까지 달려가곤
했다. 작은 국숫집, 분식집, 뷔페식 밥집까지 여러 종류의 식당이 영업
중인 곳이라 음식점 뒤편에 가면 사람들이 버린 음식물을 찾을 수 있
었다. 하지만 새끼가 너무 어려 늘 옆에서 돌봐야 하는지라 지금 상황
에서 동아에게 골목길은 너무 멀었다.

이미 세 살이 다 된 동아는 지금까지 어떻게 살아왔을까. 아마 조상
때부터 대대손손 들개로 살아오지는 않았을 것이다. 할아버지나 아버
지 대에는 집에서 키우던 개였을 가능성이 크다. 심지어 동아도 집에
서 기르던 개였을지도 모른다. 그러다가 버려졌을 테고. 들개 중에는
이렇게 키우다가 버려진 개들이 가장 많다.

버려진 원인이 저마다 다른 까닭에 버려진 개의 심리는 보통 버려
진 이후 들개가 된 개의 성격 형성에 큰 영향을 미친다. 버려지는 과
정에서 너무 큰 충격을 받은 개들은 대부분 자신감을 잃는다. 자신감
이라고는 전혀 찾아볼 수 없는 눈빛과 함께 거리의 유기견에게서 느
껴지는 초라함. 늘 사람들을 피해 길 한쪽 구석으로 다니고, 세 살 먹
은 아기도 무서워한다. 반려견으로 제대로 보살핌을 받고 사는 강아

지는 손바닥 두 개 정도 크기밖에 안 되는 포메라니안도 고개를 당당하게 들고 가슴을 빳빳하게 펴고 온 거리가 다 제 것인 양 걸어다니는데 말이다.

동아는 유기견인 어미가 동네 근처 시장에서 낳아 키웠다는 얘기를 들었다. 동아가 한 살 무렵, 유기견 추격대가 벌인 소탕 작전에 놀라 정신없이 숨을 곳을 찾다가 생각지도 못하게 뒷동산 근처까지 오게 된 것이다. 감자와 꼬맹이는 두 번째 출산에서 얻은 새끼들이다. 첫 출산 역시 뒷동산에서 이루어졌지만, 그때 낳은 새끼들은 전부 병으로 죽고 말았다. 동아는 이번에도 산 중턱에서 새끼를 낳았고, 새끼들이 움직일 수 있을 무렵 새끼들을 데리고 산꼭대기로 갔다. 간신히 살아남은 새끼 두 마리는 동아와 마찬가지로 피부병을 앓고 있다.

동아는 시야도 잘 잡히고 바람도 잘 통하는 이곳을 택했다. 여전히 조상들이 갖고 있던 들개로서의 원시적인 야성과 기민한 성격이 남아 있음을 알 수 있다. 이 뒷동산 꼭대기에서는 사람 그림자도 보기 힘들다. 하지만 딱 한 번, 괭이를 짊어진 중년의 아저씨가 나타난 적이 있다.

그는 쓰레기장 주변 아파트에 사는 주민으로 매일같이 움푹 파인 산마루를 지나 다른 쪽 산기슭으로 채소를 키우러 가곤 했다. 사실 이런 사람들이 적지 않다. 이제 막 회사에서 퇴직한, 나이가 그리 많지 않은 사람들. 도시에 조용히 은거하며 채소 키우는 데 재미를 붙이고 농사를 짓고 사는 사람들 말이다.

나는 그를 농부 아저씨라고 부르기로 했다. 어떤 이유에선지 그날 농부 아저씨는 매일 가던 길이 아닌 산길을 따라 산꼭대기를 돌아보러 온 터였다. 약초라도 있는지 찾으려던 모양이다. 그런데 그의 발걸음이 잠들어 있던 동아를 놀래켰다. 저 멀리에서 실려 오는 사람 냄새에 녀석은 바로 자리에서 일어섰고, 기민하면서도 긴장한 모습으로 크게 짖어 댔다.

"월월! 월월!"

얼마 지나지 않아 농부 아저씨가 가까워지자 두려움에 휩싸인 동아가 이제는 큰 소리가 아니라 낮게 깔린 소리로 경고를 보냈다. "갸르릉!"그러고는 바로 고개를 돌려 좀 가파른 흙벽으로 가더니 거기서 달리듯 미끄러지듯 산에서 내려갔다. 엄마의 낮은 울음소리를 들은 새끼 두 마리도 본능적으로 데굴데굴 굴러 흙구덩이를 빠져나왔고, 정신없이 엄마 뒤에 따라붙었다. 녀석들은 필사적으로 데굴데굴 구르고 기어서 산비탈 수풀 속으로 모습을 감췄다.

녀석들은 농부 아저씨가 자리를 뜬 뒤에야 다시 돌아왔다. 집에 돌아오는 길은 너무나 고달팠다. 감자는 어떻게든 엄마 뒤에 따라붙었지만, 꼬맹이에게는 시련의 연속이었다. 길 중간 움푹 파인 곳에 빠져 어찌할 바를 모른 채 애처롭게 짖어 댔다. 그러다가 간신히 평평한 작은 길을 찾아내 양치식물 수풀 속으로 파고들어간 다음에야 길을 돌고 돌아 흙구덩이로 돌아왔다. 꼬맹이가 짖어 댈 때도 동아는 흙구덩이 속에 엎드려 쉬기 바빴다. 조금도 신경 쓰지 않는 듯했다.

꼬맹이가 알아서 찾아오지 못했다고 해도, 동아는 가서 도와주지 않았을지도 모른다. 꼬맹이 스스로 해내야 하는 일이니까. 혼자 해내지 못했다면 꼬맹이도 앞서 태어났던 형제자매들처럼 결국 깊은 숲 속에서 숨이 멎고 말았을 것이다.

📝 3일째(1월)

　　　　　　　　이틀 연속 비가 내리더니 오늘은 드디어 날 이 개었다. 이른 아침 해가 떠오르자, 햇볕에 대지의 열기가 올라왔다. 산꼭대기가 점차 따뜻해지자, 동아가 새끼 두 마리를 데리고 완만한 언덕배기 흙 덮인 오솔길을 따라 모습을 드러냈다. 강아지들의 첫 번째 산 아래 동네 나들이였다.

동아와 강아지 두 마리는 뒷동산 입구에 자리한 간이 차고에 도착했고, 거기서 삼총사와 만났다.

삼총사 중 수캐 두 마리의 이름은 삼겹이와 돼지머리이고, 암캐의 이름은 귤이다. 이 무리의 대장인 돼지머리는 일본 키슈견을 닮았고 체격이 건장했다. 가까이 다가오는 사람이라도 있으면 가장 먼저 으르렁거리며 짖어 대는 놈이 바로 이 녀석이다.

삼겹이는 전신이 지저분한 갈색으로 덮인, 평범한 타이완 토종개에 가까운데, 수차례 잡종교배를 거치면서 볼품없는 몸과 굼뜨고 아둔해 보이는 외모를 갖게 된 것 같다. 살짝 건장해 보이면서 살도 좀 찐 편이라 사람들에게 귀여움을 받기는 글른 모습이다. 이 녀석은 늘 고개

쓰레기장에서 먹이를 찾고 있는 삼총사. 녀석들은 101번지 골목길에서 규모가 가장 큰 들개 무리로 쓰레기장에 들어오는 다른 들개들을 위협했다. 왼쪽에서 오른쪽으로 털이 하얀 쿵, 암갈색의 삼겹이, 베이지색의 돼지머리이다(1994년 1월).

를 푹 수그리고 있고 짖는 법이 없다. 다른 개들과 어울리는 일도 드물다. 아마 버려질 때 상당히 큰 충격을 받아 사람에 대한 신뢰를 완전히 잃어버린 것이 아닌가 싶다.

귤은 생김새가 일반 토종개와 비슷하지만 회백색의 몸이 멀리서 보면 상당히 우아하다. 녀석도 딱히 자기 주관이랄 것 없이 그냥 다른 두 마리를 쫓아다니는 것 같다. 귤은 일전에 새끼 여섯 마리를 낳아 힘겹게 3개월을 키웠는데 결국 유기견 추격대가 모조리 잡아갔다. 삼총사가 쓰레기장을 줄곧 자신들의 영역으로 삼고 있어, 이곳에 접근하는 낯선 개는 누구든 삼총사의 심사를 거쳐야 한다.

간이 차고 안에는 또라이깜보라고 불리는 들개도 있었다. 하얀 바탕에 검은 털이 있는 점박이로 작고 살이 쪘지만 건장하고 튼튼한 이 녀석이 멀리 한쪽에서 쉬고 있었다. 이 개는 시간을 정해 놓지 않고 나타나는데 활동 범위가 상당히 넓다. 골목길 입구에 얼굴을 들이미는가 하면 어떤 때는 아예 멀리 시장까지 달려가기도 한다. 쓰레기장에서만 왔다갔다 돌아다니는 삼총사와는 달리 이 녀석은 언제나 혼자 움직인다. 정착해야 할 이유를 찾지 못한 듯하다.

삼총사는 동아와 잘 아는 사이이다. 낯선 들개와 마주쳤을 때와는 달리 녀석들은 동아가 데리고 온 새끼 두 마리에게 의혹의 눈길을 내비치지 않는다. 그저 계속 엎드린 채 어렵사리 찾아온 맑은 날씨와 따뜻한 햇볕을 즐길 뿐이다. 동아는 새끼들을 햇볕이 살짝 내리쬐는 다른 한쪽으로 데려갔다. 배가 고픈 데다가 피곤하기도 했던 새끼들은 산에서 내려오며 기운이란 기운은 다 써 버린 듯했다. 엎드리자마자 잠에 곯아떨어져 버렸다. 그사이 동아는 쓰레기장으로 걸어가 먹이를 찾았다.

새끼 두 마리 모두 참 더러웠다. 감자는 여기저기를 비비고 긁은 탓에 흰색 몸이 더러운 잿빛 암갈색이 되었고, 그것도 모자라 여기저기 홍반이 가득했다. 엄마에게서 유전된 것이 분명하다. 꼬맹이는 더 처참했다. 영양불량으로 비쩍 마른 작은 몸을 멀리서 보고 있으면 독에 중독되어 행동이 굼뜨게 변한 말라빠진 들쥐를 보고 있는 것만 같았다.

형제인데도 생김새가 달라도 너무 달라 도대체 아빠가 누구인지, 어느 품종 개의 피가 더 많이 흐르는지 알아낼 길이 없다. 엄마인 동아도 새끼 두 마리와 생김새가 전혀 달랐다. 동아의 암황색 털만 봐서는 감자와 꼬맹이가 동아가 낳은 새끼라는 것이 상상이 되지 않을 정도이다.

쓰레기장에서 배를 채운 동아가 간이 차고로 돌아오자 감자와 꼬맹이가 다시 젖을 빨기 시작했다. 역시나 감자가 먼저 젖을 빨기 좋은 자리를 차지했고, 꼬맹이는 한쪽 구석에 웅크리고 있다가 겨우 생긴 틈을 비집고 들어가더니 머리를 들고 젖을 물었다. 젖을 배불리 먹고 난 다음, 둘은 한동안 다시 꿈나라로 빠져들었다. 잠이 든 감자와 꼬맹이 몸 위로 시시때때로 파리가 날아들었다. 몸 위의 짓무른 홍반이 꼭 쓰레기장의 썩은 고기 같다. 동아가 잡아먹겠다는 듯 두 눈을 크게 뜨고 파리들을 노려봤지만 소용없었다. 감자는 자다가 몇 번이나 놀라서 깼고, 몸을 계속 뒤척였다. 발톱으로 윙윙 날아다니는 파리들을 쫓

위에서 아래로 삼총사의 대장인 돼지머리, 2인자인 삼겹이, 막내 귤(1994년 1월).

아내고 싶은 듯했지만 그럴 기운이 없어 보였다. 깊은 잠에 빠진 채 아예 반응하기를 포기한 것 같았다. 파리를 어쩔 수 없이 그냥 내버려 두는 듯했다.

얼마 지나지 않아 맞은편 주택에서 나온 사람이 차고로 들어와 차를 몰려고 하자 삼총사가 하나둘 몸을 일으키더니 간이 차고를 빠져나왔다. 또라이깜보는 어디로 갔는지 벌써 사라진 지 오래이다. 동아도 깜짝 놀라 몸을 뒤척이며 일어나더니 어린 새끼 둘을 데리고 다시 뒷동산으로 돌아갔다.

감자와 꼬맹이는 엄마 뒤를 따라갔다. 감자는 엄마 뒤를 바짝 쫓아갔고, 꼬맹이는 뒤에서 어떻게든 쫓아가려고 안간힘을 쓰며 따라갔다. 언덕 경사가 완만해지자 앞서 가는 엄마의 발걸음을 그럭저럭 따라잡을 수 있게 되었다.

이미 잠을 많이 자서인지 흙구덩이로 돌아와서는 둘 다 구덩이 속에 몸을 웅크린 채 잠을 청하지 않았다. 보기 드문 일이었다. 감자는 구덩이 바깥에서 놀다가 옆에 있던 줄고사리 덤불을 입에 물었다. 풀내가 좋은 모양이지만 씹어 먹지 못하고 그저 정신없이 물고 뜯기만 했다. 그 바람에 줄고사리 한 그루 전체가 너저분해졌고, 잎이 수도 없이 떨어졌다. 흙구덩이 속에서 이 모습을 바라보던 꼬맹이의 눈은 여전히 애달프면서도 연약했고, 생기를 찾을 수 없었다. 꼬맹이는 결국 다시 잠을 청했다.

얼마 놀지도 못했는데 벌써 피곤해졌는지 구덩이 안으로 돌아온 감자는 젖을 빨고 싶어 했다. 하지만 동아는 아무 반응도 보이지 않은

간이 차고는 101번지 골목길 들개들이 자주 모여드는 장소 중 하나이다(1994년 1월).

채 잠만 잤다. 감자는 어쩔 수 없다는 듯 눈을 뜨고 눈앞의 숲을 바라
보다가 천천히 눈을 감았다. 꿈결이었을까. 갑자기 누런 빛깔의 커다
란 마른 잎사귀가 흩날리며 감자가 있는 곳에서 얼마 멀지 않은 곳에
떨어졌다. 유동나무 잎이었다. 가볍게 땅 위로 흩날리며 떨어지는 나
뭇잎 소리에 놀라 잠이 깬 감자는 눈을 크게 뜨더니 곧바로 눈을 감고
다시 깊은 잠 속으로 빠져들었다.

잎이 떨어지자 나무 위쪽으로 하얀 하늘이 얼굴을 빼꼼 드러냈다. 잎이 다 떨어진 마른 나뭇가지는 맑은 하늘을 아름답게 수놓았다. 흙 구덩이 주변에 마른 나뭇잎이 가득 차자 동아와 새끼 두 마리가 오솔 길 위의 나뭇잎을 밟고 지나갈 때면 가볍게 바스락거리는 소리가 들려왔다.

📔 4일째(1월)

　　　　　　다른 들개들이 쓰레기장에 나타나면 삼총 사가 멀리서 이들을 뚫어지게 쳐다본다. 그러다가 가까이 다가가기도 한다. 새로 나타난 들개는 대부분 삼총사의 태도를 보고 자기가 이 구 역에서 환영받고 있는지, 그리고 이곳에서 좀 오래 쉬어 가도 될지 알 아챈다. 냉대를 받은 개들은 분위기를 파악하고 재빨리 멀찍이 달아 난다. 그래도 쓰레기장에서 좀 있다 가고 싶으면 일단 돼지머리의 태 도를 살펴야 한다. 돼지머리가 소리를 한 번 지르면 다른 두 마리는 그냥 그 뜻에 따른다.

가장 최악은 위협당하다가 쫓겨나는 것이다. 위협을 당하는 경우는 보통 둘로 나뉘는데, 첫 번째는 꼬리를 높이 쳐들고 대장 흉내를 내는 개가 나타날 때이다. 작년에 피부병에 걸린 커다란 셰퍼드 한 마리가 이곳에 나타난 적이 있다. 대장 스타일인 개는 다른 개들은 아예 안중에도 없다는 듯 길거리를 제멋대로 돌아다녔다. 다만 이 녀석은 세상에 대한 불만과 분노가 많은지 고개를 수그리고 다녔다.

이런 행태가 삼총사의 심기를 건드렸음은 물론, 골목길 끄트머리 낚시터를 지키는 콩나물의 비위도 상하게 했다. 콩나물은 튀어나와 짖어 댔다. 이렇게 무리 지어 공격하고 위협하는 모습을 보면 집개든 들개든 101번지 골목길에 사는 개들은 하나같이 몸집이 큰 셰퍼드를 환영하지 않는다는 것을 알 수 있다.

하지만 셰퍼드는 아랑곳하지 않은 채 제멋대로 굴었다. 삼총사가 꼬리를 내리고 두 귀를 70~80도 앞으로 기울인 채 사방에서 다가와도 눈 하나 깜짝하지 않았다. 녀석은 꿰뚫어 보고 있었다. 삼총사라고 해봤자 이 정도 위협을 가하는 게 전부일 거라는 걸. 갖은 풍파를 다 겪으며 살아왔을 이 녀석의 태도에서 제대로 훈련받은 셰퍼드에게서 느껴지는 근엄한 분위기가 드러났다. 어쩌면 녀석은 이미 더 무시무시한 상황에 처했던 적이 있을지도 모른다. 그러니 동네 골목길이나 기웃거리는 들개 몇 마리를 신경이나 쓸까. 아주 대놓고 쓰레기장으로 걸어 들어간 셰퍼드는 뭘 제대로 뒤적여 보지도 않고 아무 일도 없었다는 듯 자리를 떴다. 삼총사로서는 그나마 다행이었다. 셰퍼드가 이곳에 남지 않았으니.

두 번째 경우는 대부분 길을 잃고 적잖이 놀란, 몸집이 딱히 우람하지도 않은 들개나 집개이다. 이런 개들은 어딘가 불안한 눈빛에 허둥지둥 움직이며 당황한 기색이 역력한 상태로 골목길에 들어선다. 그런데 이런 경우 열이면 열 동네 들개들에게 괴롭힘을 당한다.

골목길 끝에서 햇볕을 쬐고 있는 삼총사(1994년 1월).

어떤 개든 그 동네 개들을 만났을 때 충돌을 피하려면 수그리고 들어가는 게 상책이다. 심지어 눈빛으로든 자세로든 그 동네 개들을 존중한다는 메시지를 보내야 한다. 몸을 낮게 깔고, 꼬리를 내린 채 길 가장자리로 걸어가는 식으로 말이다. 이렇게 동네 토박이 개들에게 좀 모호하게 수그리고 들어가야 그 순간을 아무 일 없이 편안하게 넘기고 물러날 수 있다. 필요할 때는 바닥에 딱 엎드려서 힘없이 몸을 뒤집으며 배를 보여 주기도 한다. 이런 식으로 토박이 개들에게 믿음을 얻는 것이다. 이게 그나마 나은 대접을 받을 수 있는 유일한 길이다.

오늘 오전에 나타난 두 마리가 마침 딱 이 두 번째 경우라 볼 수 있는 좋은 사례이다. 아침에 중간 정도 크기의 검은색 토종개 한 마리가 먼저 나타났는데, 엉덩이 아래 궁둥뼈 양쪽에 피부병을 앓고 있는 녀석이었다. 녀석은 쓰레기장으로 재빨리 들어갔다가 삼총사의 차가운 눈빛을 보고 대충 눈치를 챈 듯 벽에 기대 몸을 한껏 움츠리더니 잔뜩 겁을 먹은 채 천천히 앞으로 향했다. 돼지머리가 가까이 다가갔을 때는 돼지머리가 자신을 샅샅이 살펴볼 수 있도록 아예 땅바닥에 납작 엎드려서 꼬리를 힘껏 치켜든 돼지머리를 올려다봤다. 돼지머리가 만족하는 걸 보고 나서야 녀석은 쓰레기장 가까이에서 먹이를 뒤질 수 있었다.

점심때는 닥스훈트 혈통을 이어받은 토종개가 나타났다. 귀가 좀 긴 녀석이었는데, 버려진 지 얼마 되지 않은 듯했다. 당황해서 갈팡질팡하며 한 바퀴 돌고 난 녀석 눈에 삼총사가 들어왔다. 삼총사에게 뭔가 하고 싶은 말이 있는 듯했다. 자리에서 일어난 돼지머리가 코를 찡

그리며 오만한 눈빛을 내비쳤건만 녀석은 눈치도 없이 다가왔다. 인사라도 하고 싶었던 모양이다. 상황 파악을 못한 녀석은 한꺼번에 달려든 삼겹이와 귤에게 제대로 당하고 말았다. 그 바람에 많이 놀란 녀석이 벽 귀퉁이로 숨어들었는데, 그 와중에 또 어느 녀석에게 물리기라도 한 건지 쉬지 않고 짖어 댔다. 결국 엉덩이에 꼬리를 딱 붙이고 양쪽 귀도 뒷머리에 바짝 갖다 댄 채 몸을 땅바닥에 낮게 깔더니만 정신없이 줄행랑을 쳐 버렸다. 녀석은 그뒤 101번지 골목길에는 얼씬도 하지 않았다.

낯선 존재와의 만남에는 의사소통이 문제이다. 개는 인간처럼 언어로 소통하지 않는다. 대신 다른 개와 만났을 때에는 서로 냄새를 맡는다. 이때 수많은 정보가 오고간다. 개들은 이런 식으로 서로를 인식하고 알아간다. 냄새 맡기와 함께 꼬리 흔들기, 귀 세우기와 같은 행동, 섬세한 표정과 동작에서 드러나는 여러 가지 의도, 또 여기서 파생된 표식과 의미, 수많은 정보가 명확히 담겨 있다. 문자와 언어로 의사소통을 하는 인간으로서는 이해하기 어려운 부분이다.

게다가 직접 얼굴을 맞댈 필요가 없는 경우도 있다. 그냥 일정한 거리를 유지하기만 해도 상대방의 메시지를 마음으로 알아차리고 이해할 수 있다. 이를테면 쓰레기장에 개가 나타나면, 굳이 가까이 가서 냄새를 맡지 않아도 발걸음 소리와 걷는 자세에서 여기 온 목적과 심리 상태를 대충 알 수 있다. 야생에서 오랜 시간을 보낸 사냥꾼들은 야생 동물의 이런 정서를 어느 정도 알아챈다. 자기가 사냥하러 다니는 구역 안 동물들의 심리 상태에 대한 촉이 발달해 있기 때문이다. 고대에

삼겹이(왼쪽)는 늘 돼지머리의 뒤를 졸졸 쫓아다닌다. 삼겹이의 지위가 낮음을 알 수 있다 (1994년 1월).

성행했던 새점鳥占(새를 이용해서 미래를 알아보는 점)도 아마 여기서 발전되어 나왔을 것이다. 외부인들은 사냥꾼의 이런 감을 믿어야 할 때가 있다. 액운은 피해 가야 하니까.

📝 5일째(1월)

오랜만에 따뜻한 겨울날 아침, 동아는 새끼들을 데리고 멀리 나가 보기로, 좀 더 먼 여정에 올라 보기로 했다. 이번에는 산기슭 아래 동네 101번지 골목길 근처 쓰레기장이 목적지가 아니었다. 동아와 감자, 꼬맹이는 뒷동산의 다른 쪽을 향해 발걸음을 옮겼다. 그쪽으로 가면 산 위 주택가에서 내려오는 대로가 있고, 대로 바로 옆에 공터가 하나 있다.

이렇게 다른 방향을 택해 험준한 산비탈로 내려가는 동아를 보고 새끼 두 마리도 곧바로 오늘은 목적지가 다름을 눈치 챘다. 녀석들은 흥분 속에서도 긴장감을 느끼며 엄마 뒤를 바짝 뒤쫓았다.

이번 산길은 확실히 밝고 탁 트인 곳을 향해 있었고, 그 주변에서는 다른 곳과는 또 다른 맑고 산뜻한 공기가 느껴졌다. 녀석들은 곧 담장 아래에 도착했다. 동아는 강아지 키 정도 높이인 담장을 가뿐히 뛰어 올라 넘어갔다. 감자는 간신히 담장 윗부분에 매달려 한참을 발버둥 친 끝에 넘어가서 엄마 뒤꽁무니를 계속 졸졸 쫓아 배구장 크기만 한 공터까지 따라갔다.

하지만 꼬맹이는 뒤처지고 말았다. 아무리 뛰어올라도 담장 윗부분 까지 올라갈 재간이 없었다. 서글픈 마음에 담장 밑에서 멍하니 기다 려 봤지만, 엄마가 돌아와서 도와주지 않자 그냥 혼자 왔던 길을 힘겹 게 되돌아갔다.

동아는 천방지축 날뛰는 감자를 데리고 담장 옆에서 꼬맹이를 기다 리다가 도저히 꼬맹이가 따라오지 못하겠다는 확신이 들자 감자만 데 리고 다시 앞을 향했다. 이런 모험에서 강아지가 하루빨리 독립생활 에 적응하기를 바라는 어미 개의 마음을 읽어 낼 수 있다. 담장을 넘 는 건 꼬맹이가 스스로 알아서 해결해야 하는 문제였다. 담장을 넘은 감자는 자신의 적응력을 증명해 보인 셈이다.

이제 겨우 생후 2개월을 조금 넘은 강아지에게 어쩌면 때 이른 외출이었는지도 모른다. 하지만 들개는 독립생활에 일찍 적응할수록 생존율이 높아진다.

공터에 도착한 동아는 의도적으로 감자에게서 멀찍이 떨어지더니, 갑자기 덤불 속을 쑤시고 들어가 폐기물이 가득 쌓인 곳까지 달려가서는 뭔가를 찾기 시작했다. 공터 옆에 아파트 몇 동이 줄지어 서 있는데, 주민 중에 먹다 남았거나 버려야 하는 음식물 쓰레기를 집에서 이 공터 덤불 속으로 던져 버리기도 하기 때문이다.

감자는 공터에서 혼자 뭘 찾기도 하고, 킁킁거리며 냄새를 맡기도 했다. 그러다가 엄마가 안 보이자 당황한 듯 보였지만 처음 본 꽃이나 풀, 버려진 물건에 정신이 팔려 엄마가 사라졌다는 사실조차 잊어버렸다. 그렇게 한동안 시간이 지나고 난 뒤 모습을 드러낸 동아는 감자가 괜찮은지 자세히 살펴보았다.

동아가 감자 곁으로 다시 돌아왔을 즈음, 멀리서 또 다른 개 두 마리가 등장했다. 골목길 입구에 사는 단백질과 반쪽이인데 어쩌다가 여기까지 왔는지 모를 일이다. 어린 수캐인 반쪽이는 여기저기 떠돌아다니다가 오토바이 가게에 온 뒤로 오토바이 가게의 개인 단백질과 한 몸처럼 꼭 붙어다니다가 이곳에 터를 잡았다. 동아는 새롭게 나타난 두 녀석과 서로 냄새를 맡아 보더니 이내 공터 안에서 따로 흩어져 어슬렁거렸다.

감자로서는 삼총사를 제외하면 처음 만난 낯선 개들이었다. 하지만 감자는 겁먹지 않았다. 엄마가 있기 때문이겠지만 어쨌든 녀석은 시험 삼아 반쪽이와 단백질에게 다가가 냄새를 맡아 보았다. 그래 봤자 너무 어린 새끼라 반쪽이와 단백질은 상대도 해 주지 않고, 공터에 누워 햇볕 쬐는 데만 열중했다.

그러자 감자도 둘을 따라 땅바닥에 눕더니 따스하게 내리쬐는 햇볕 아래에서 그들을 따라 털을 정리했다. 전처럼 엄마 곁에 꼭 붙어 있지도 않았다. 젖을 빨 때를 빼면 감자는 마치 다 큰 들개처럼 행동했다. 아까 낯선 공터에 왔을 때 전혀 당황하지 않았던 것도 그렇고, 낯선 개들 앞에서 냄새 맡기를 시도하는 것도 그렇다. 또 바닥에 누워 꽤 긴 시간을 들여 털을 정리하는 모습도 그렇다.

하지만 감자는 아직 어린 새끼였다. 게다가 등에는 상처가 짓무른 홍반까지 있는. 바닥에 누운 지 얼마 되지 않아 피부가 가려운지 긁기 시작했는데 긁으면 긁을수록 가려웠고 그럴수록 화가 났다. 몸을 몇 차례 뒹굴거리기도 했지만 아무 소용이 없자 결국 엄마 곁으로 돌아가더니 엄마에게 어떻게 좀 해 달라고 간청했다. 등에 난 홍반 때문에 무던히도 힘들었던 탓에 동아도 감자가 얼마나 괴로운지 짐작이 갔다. 동아는 감자를 살짝살짝 핥아 주었고, 녀석은 곧 스르르 잠에 빠져들었다.

한동안 누워 있던 단백질과 반쪽이는 다시 왔던 길을 되돌아갔다. 동아도 몸을 일으켜 두 녀석을 따라 대로 방향으로 걸어갔다. 놀라 잠에서 깬 감자도 궁금하다는 듯 공터 끄트머리, 은밀하게 숨어 있을 수 있는 수풀 덤불까지 뒤따라갔다. 하지만 동아는 뒤돌아보지 않았다. 더는 따라오지 말라는 의미였다. 감자도 더는 쫓아가면 안 된다는 것을 알아들은 듯했다. 공터에서 엄마가 돌아오기를 기다릴 수밖에 없었다.

감자는 공터에서 하릴없이 기다리며 한동안 시간을 보냈다. 엄마는 돌아올 기미가 없었다. 그때 감자의 정수리 쪽에서 뭔가 작고 하얀 그림자가 눈에 띄었다. 잘 보니 흰나비 한 마리가 날아다니고 있었다. 나비는 그러다가 십자화과 식물 덤불 위에 내려앉았다. 이를 본 감자는 흥에 겨워 나비를 쫓아갔고, 나비는 다시 춤을 추듯 날아오르며 이리저리 돌아다니다가 멈춰 서곤 했다. 감자는 한동안 나비를 따라다녔다. 그러다가 결국 쓰레기가 가득 쌓인 흙더미 옆으로 뛰어들었는데 순간 흙더미 위에 앉아 있는 얼룩 고양이와 눈이 마주쳤다.

겁이 나기는 했지만 감자는 용기를 내 고양이를 위협해 보았다. 하지만 길고양이는 강아지 따위에겐 관심조차 주지 않은 채 천천히 공터에서 내려가 버렸다. 감자가 따라 나서자 고양이가 어지간히 짜증이 났는지 감자가 예상도 하지 못할 정도의 빠른 속도로 날쌔게 되돌아와서는 입을 쩍 벌려 위협하며 앞발을 쳐들어 공중에서 휘둘렀다. 날카로운 이를 드러낸 채 발톱을 휘두르는 고양이가 무섭게 소리까지 질러 대자 놀란 감자가 한 발 뒤로 물러나더니, 기가 죽어 깨갱거렸고, 결국 처량하게 꼬리를 내린 채 울적한 모습으로 옆 덤불로 숨어들었다. 고양이가 사라지고 한참이 지난 후에도 감자는 덤불에서 나올 엄두를 내지 못했다.

한참 시간이 지난 뒤 동아가 돌아왔고, 그제야 신이 난 감자가 덤불 속에서 뛰어나와 엄마를 향해 꼬리를 흔들며 주위를 맴돌았다. 동아는 생각에 잠긴 듯했는데 꼬맹이를 생각하고 있는 게 아닌가 싶었다.

감자(앞)는 낯선 들개가 나타나면 늘 정신없이 짖어 댔다. 어려도 쓰레기장은 엄연히 녀석의 관할 구역이기 때문이다. 이런 성격 때문에 감자는 늘 다른 성견들에게 괴롭힘을 당하곤 했다(1994년 2월).

그러더니 다급히 집을 향해 뜀박질을 하기 시작했다. 감자도 엄마 뒤에 꼭 붙어 뒤따라갔다. 얼마 지나지 않아 둘이 산꼭대기에 도착해서 보니 꼬맹이는 흙구덩이 안에서 조용히 잠들어 있었다. 동아가 돌아왔을 즈음 놀라서 깬 꼬맹이가 급히 어미젖을 빨았다.

어쩐 일인지 이번에는 감자가 꼬맹이 혼자 젖을 빨도록 순순히 내버려 두었다. 감자는 피곤한 몸으로 엄마의 따뜻한 품속에 파고들어 꿈나라로 향했다. 첫 여행이라고 해봤자 공터에 가 본 게 다였지만 아주 멀고 먼 여행을 다녀온 기분이었다. 그 덕에 꼬맹이는 난생처음 편하고 기분 좋게 젖을 빨았다.

📝 6일째(1월)

　　　삼총사도 자주 공터에 놀러 온다. 하지만 녀석들은 뒷동산을 넘을 때 산꼭대기를 지나가지 않는다. 농부 아저씨와 마찬가지로 능선까지 올라갔다가 거기서 바로 산기슭 연못과 텃밭 부근으로 내려간다. 연못가에서는 늘 먼 곳을 바라보거나 물을 마시곤 한다. 그러다가 다시 수풀을 넘어 공터로 간다. 공터에서 쉴 때도 있지만 대부분은 공터에서 멈추지 않고 대로까지 뛰어간다.

　산 위 주택가와 이어진 대로다 보니 출퇴근 시간이면 길이 엄청나게 붐빈다. 게다가 찻길 양쪽 산비탈에는 사람이 거의 살지 않아 상대적으로 차량들이 빨리 달린다. 예전에는 들개들이 이 대로를 느릿느릿 넘어가다가 달려오는 차에 치여 많이 죽었다. 삼총사에게는 이 대로가 생활 반경 중에서도 경계 지역인 셈이라 녀석들이 멋대로 이 찻길을 넘어 맞은편까지 가는 일은 거의 없었다.

　그런데 오늘은 녀석들이 모험을 감행했다. 알고 보니 대로 맞은편에 들개 서너 마리가 와 있었다. 모두 저 멀리 시장에서 놀러 온 놈들이다. 동아가 어린 시절 자란 바로 그 시장 말이다. 이 시장 출신 개들과 삼총사는 서로 잘 아는 사이이다. 서로 잘 모르는데 들개들이 자기 영역도 아닌 곳에서, 그것도 거의 경계 지역이나 다름없는 대로에서 만나 싸우기는커녕 오히려 멀리서 온 친구 맞이하듯 인사치레를 주고받는 일은 드물다.

　삼총사는 대로를 넘어 시장 출신 들개들과 한자리에 모이더니 서로 냄새를 맡았다. 그런 다음 계속해서 대로를 따라 돌아다녔는데, 그 모습이 꼭 아무 목적 없이 거리를 어슬렁거리는 청소년 같다. 어쩌다가 행인이나 자전거가 가까이 다가오면 자기들이 알아서 먼저 길을 피해 주고 상대가 지나가면 다시 모여들었다. 녀석들은 이곳이 자기들 영역이 아님을 잘 알고 있었고, 그 때문에 찻길을 돌아다닐 때도 사람과 마주칠 때도 늘 일정한 거리를 유지했다.

하지만 "개 한 마리는 똑똑할지 몰라도 여러 마리가 모이면 멍청해진다."는 속담은 어쩌면 길거리를 배회하는 들개 무리를 묘사한 것일지도 모른다. 녀석들은 어디로 가야 할지 모른다. 이들의 여정에는 어떤 목적도 의도도 없다. 누가 앞에 가든 또 누가 뒤에 가든 아무 상관이 없었다.

이렇게 대여섯 마리 또는 일고여덟 마리 개가 뭉쳐서 돌아다니는 모습은 대부분 금방 끝나 버린다. 한동안 좀 같이 다니다가도 원래 살던 동네에서 조금 멀리까지 왔다 싶으면 그때부터 각자 흩어져서 자기 영역으로 돌아가기 때문이다. 들개 이삼십 마리가 뭉쳐서 모여 다니는 모습을 목격하기가 쉽지 않은 이유이다. 사실 암캐가 발정기에 접어들 때나 되면 모를까 열 마리 이상이 함께 다니는 광경도 보기 어렵다. 반면 발정기에 모여든 개들은 같이 다니는 시간이 길어진다. 어떤 때는 사나흘을 함께 보내기도 하는데 이럴 때는 무리를 이룬 개들이 미친 듯 꼭 붙어 다닌다.

삼총사는 곧바로 간이 차고로 향하지 않고 공터에 들어가서 하릴없이 어슬렁거렸다. 돼지머리가 폐기물이 잔뜩 쌓인 곳에 올라가 휴식을 취하자, 삼겹이와 귤이 뒤따랐다. 내리쬐는 햇볕 아래에서 꾸벅꾸벅 졸면서 각자 시간을 보냈다. 한동안 누워 있다가 몸이 뻐근하고 나른해진 뒤에야 느릿느릿 공터를 떠났다.

✍ 8일째(1월)

어제 아침, 꼬맹이도 드디어 담장 넘기에 성공했다. 녀석의 경쾌한 발걸음에서 담장을 넘었다는 기쁨이 한껏 느껴졌다. 툭하면 앞질러 달려가서 감자에게 장난을 치기도 했다. 동아는 어린 형제를 데리고 공터로 들어가서 낡은 자동차의 스펀지 매트를 하나 골라잡고, 그 위에 누워 햇볕을 쬐면서 털도 정리하고, 가려운 곳도 긁었다. 그러다가 스펀지 매트가 너무 포근하고 따뜻했던 까닭인지 긁는 것도 잊은 채 셋 다 깊은 잠에 빠져 버렸다.

점심때 베이지색 들개가 모습을 드러냈다. 아마 시장에서 온 개일 것이다. 동아는 이 개와 서로 냄새를 맡으며 정보를 교환하더니 같이 공터를 벗어나 대로를 따라 길을 나섰고, 얼마 지나지 않아 종이 도시락 상자를 하나 입에 물고 돌아왔다.

사실 동아가 도시락 상자를 입에 물었을 때만 해도 안에 음식이 좀 있었다. 그런데 도시락을 물고 수풀을 넘어 오던 중 도시락이 풀잎에 걸리는 바람에 그나마 있던 음식이 전부 쏟아져 버렸다. 어린 새끼들에게 색다른 먹이를 먹는 법을 알려 주려고 했는데 계획이 수포로 돌아갔다. 도시락 상자를 본 감자가 기분이 좋아 한발 앞서 도시락 상자를 입에 물었지만, 냄새로 안이 텅 비어 있음을 알아채고는 열어보지도 않았다. 그래도 꼬맹이는 도시락 상자를 장난감 삼아 계속 입에 물고 다녔다.

얼마 후 동아가 감자와 꼬맹이에게 젖을 물리기 시작했다. 최근 들어 동아는 땅바닥에 누워서가 아니라 서서 젖을 물린다. 새끼 두 마리가 양 옆에 서서 서로 젖꼭지를 물려고 야단이다. 꼬맹이는 키가 작다보니 고개를 들고 젖을 빠는 일이 여간 힘든 게 아니어서 얼마 빨지도 못한 채 포기하고 쉬곤 한다. 그러다가 다시 간신히 기운을 차리면 고개를 쳐들고 다시 젖을 문다. 감자는 동아의 다른 쪽 젖꼭지를 빠는데 세게 물고 빠는 탓에 동아가 종일 아파할 정도이다. 요즘 동아에게는 감자가 너무 세게 젖을 빠는 게 큰 스트레스이다.

오랫동안 계속 긁어 댄 탓인지 요즘 들어 새끼 두 마리의 살구색 홍반이 어미인 동아보다 더 심각해졌다. 길을 걷다가 사람이라도 만나면 병든 개 취급을 받을지도 모를 일이다. 실제로 적지 않은 시민들이 들개에게서 전염병이 옮을까 봐 두려워서 이처럼 피부가 헐고 털이 빠진 개를 만나면 다짜고짜 몽둥이부터 들고 쫓아다니며 사납게 내쫓는다. 심지어 호되게 매질을 해서 때려죽이기도 한다.

이제 동아는 젖을 오랫동안 물리지 않는다. 새끼들도 이제 곧 젖을 떼게 될 것이다. 젖을 다 물린 뒤 셋은 함께 산으로 돌아갔고, 오후에 다시 공터로 와 주변을 배회했다. 아마 자동차 스펀지 매트가 너무 폭신하고 편해서 이 매트를 임시 거처로 삼을 요량일 것이다. 밤이 깊어지자, 셋은 매트 위에서 잠을 청하며 밤을 보낼 준비를 했다.

다음 날 아침 여덟 시 즈음, 동아와 새끼 두 마리가 매트 위에서 눈을 떴다. 잠에서 깬 동아는 그 옆 시멘트 깔린 공터까지 걸어가 기지개를 쭉 켰다. 그러고는 다시 누워 습관적으로 뒷다리로 몸을 긁고, 혓바닥으로 핥았다. 잠에서 깬 새끼 두 마리도 엄마를 따라 똑같은 동작을 해 보였다. 두 녀석은 젖을 뗄 때도 되었건만 잠에서 깨면 여전히 어미젖을 찾았다. 그 바람에 동아의 젖꼭지는 점점 더 홀쭉하게 말라갔고, 검고 딱딱해지고 있었다. 감자와 꼬맹이가 젖을 떼고 다른 먹이를 먹는 법을 배워야 할 때이다.

몸을 정리한 녀석들은 공터 주변을 맴돌며 어슬렁거렸다. 언제 왔는지 새끼 곰처럼 몸이 작고 건장한 또라이깜보가 나타나 다른 쪽에 자리를 잡고 느릿느릿 몸을 뉘었다. 투실투실 살이 붙은 건장한 몸을 대놓고 드러낸 채 햇볕을 만끽했다. 괴팍하면서도 남과 외따로 떨어져 지내는 성격 탓에 또라이깜보는 다른 개들에게 늘 어디 멀리 여러 곳을 돌아다니다 온 개처럼 느껴졌다.

햇볕은 너무 뜨겁지 않아 일광욕하기에 딱 좋았다. 동아와 새끼들은 또라이깜보 가까이에서 아침 시간을 다 보냈다. 새끼들은 조금 노는가 싶더니 나머지 시간에는 털을 가다듬고 햇볕을 쬐며 보냈다. 피부병 탓인지 동아와 새끼 두 마리는 다른 개들에 비해 몸을 긁는 시간이 훨씬 길었다. 또라이깜보도 피부병이 있지만 그래 봤자 귀 안쪽 정도여서 녀석은 잠깐 핥는 게 전부였고 대부분 혼자 눈을 감고 생각에 잠겨 있었다.

정오가 되자 날이 뜨거워졌다. 동아와 새끼들은 산 위 흙구덩이로 돌아가 더위를 피했다. 또라이깜보도 이들을 따라나섰지만 중간에 생각이 바뀌었는지 쓰레기장 근처 간이 차고로 향했고, 그곳에서 삼총사와 만났다. 또라이깜보는 자기 마음 가는 대로 행동한다. 누구랑 같이 무리 지어 다닐 건지에 대해서는 관심이 없다.

📝 11일째(1월)

동아 일가는 여전히 스펀지 매트에 투숙 중이다. 밤이 깊어지자 언제나 그랬듯 쓰레기차가 오기 전에 동아가 몸을 일으켜 골목길 입구 쓰레기 더미까지 가서 먹이를 뒤져서 가져왔다. 간이 차고 옆에 있는 쓰레기장과 달리 밤에 쓰레기 수거 차량이 오기 전에 사람들이 골목길 입구에 임시로 쓰레기를 가져다 버리면서 쓰레기 더미가 형성되었다. 그래서 자연스럽게 밤이면 들개들의 임시 집합소가 되었다.

돌아오는 길에 쥐를 한 마리 본 동아가 흥분해서 짖어 대며 쥐를 쫓아 돌아다녔다. 그 결과, 입에 물고 있던 먹이는 온데간데없이 사라졌고, 강아지 두 마리는 놀라서 깨어나 마구 짖어 대다가 다시 꿀맛 같은 잠 속으로 빠져들었다.

물리는 젖의 양을 줄이기 위해 동아는 쓰레기 더미에서 덩어리진 음식을 가능한 한 많이 가져와 새끼들에게 먹였다. 음식을 구하지 못했을 때는 젖을 물렸지만 물리는 시간을 점차 줄여 나갔다. 이제 더 이상 엄마 품에 파고든 채 눈을 감고 젖을 먹어서는 안 된다고 똑똑히 일깨워 주는 것이다.

어둡고 흐린 날씨 속에서 녀석들은 꾸벅꾸벅 졸며 잠이 들었다. 점심때가 되자 잠에서 깬 동아는 새끼들을 데리고 공터 안에서 아무거나 찾아 입에 물어 보게 했다. 감자와 꼬맹이는 반유동식을 먹을 줄 알게 되었고, 특히 감자는 조금 딱딱한 닭뼈나 생선뼈도 문제없었다. 하지만 일단 배가 고플 때 가장 먼저 생각나는 건 역시 엄마의 젖이다. 하지만 동아는 새끼들을 피했고, 어쩌다가 먹이를 깜빡 잊고 못 구해 올 때도 일부러 젖을 물리지 않았다. 새끼들에게 배고픔이 어떤 건지 제대로 일깨워 주려는가 보다. 사실 평상시에도 들개들은 대부분 먹이를 먹지 못해 허기진 상태로 지낸다.

동아는 기회가 생길 때마다 새끼들을 데리고 들판으로 나가 먹이 찾는 법을 가르쳤다. 한 번은 감자가 덤불 속으로 들어갔다가 나무토막처럼 딱딱하게 굳은 먹이를 입에 물고 나오려는데, 그만 가시가 있는 관목에 휘감기고 말았다. 감자는 계속 비명을 질렀고 결국 엄마 덕에 빠져 나왔다.

별거 아닌 일에도 놀라 소리 지르는 게 감자의 특기이긴 하지만 사실 이것이 들개에게는 가장 효과적인 생존 방법이다. 이에 비해 꼬맹이는 그저 조용히 견디는 편이다. 사실 이 두 마리는 일상생활에서 줄곧 미묘한 경쟁 관계인데, 이 경쟁은 매일매일 진행 중이다.

뒤이어 말라붙은 뼈다귀를 찾아낸 감자가 흥분을 감추지 못하고 아스팔트까지 가지고 나가서 뜯어 먹기 시작했다. 그런데 얼마 먹지 않은 상태에서 실수로 뼈다귀를 철망이 쳐진 배수구에 빠뜨리고 말았다. 실망의 빛이 역력했다. 철망 밑으로 칠흑같이 어두운 배수구를 바라보며 감자는 차마 발길을 돌리지 못하고 그 안을 한참이나 바라봤다. 동아와 꼬맹이가 공터를 나선 뒤에야 감자는 서운한 마음을 겨우 달래며 공터를 떠났다.

가다가 덤불 속에서 빈 상자를 하나 찾아낸 꼬맹이가 안에 먹이가 있는지 살펴보고 있는데 뒤따라 온 감자가 그 모습을 보자마자 상자를 뺏어갔다. 둘이 상자를 놓고 다툼을 벌이느라 엄마가 어디로 가는지 신경도 쓰지 않았다. 둘 사이의 싸움이 끝났을 때에는 상자가 온데간데없이 사라진 뒤였다.

감자가 울보이기는 해도 몸이 상대적으로 건강한 까닭에 늘 꼬맹이에게 거칠게 굴었고, 여기에 젖을 뗄 무렵 강아지들에게 나타나는 특유의 사나운 성격이 수시로 드러나 싸움이 끝날 때 즈음이면 지는 쪽은 늘 꼬맹이였다.

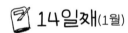 **14일째**(1월)

며칠 전 귀를 다친 돼지머리가 오늘 보니 왼

쪽 다리도 다쳐 있었고, 피가 난 흔적도 보였다. 알고 보니 시장에 사는 암캐 한 마리가 발정기였다.

그러다 보니 근처 수캐들이 앞뒤 가리지 않고 그쪽으로 몰려가 짝짓기 행렬에 참여한 것이다. 삼총사는 쓰레기장 근처에서만 머물지 않고 대담하게 대로를 건너 시장 부근까지 돌아다녔다. 특히 돼지머리가 의기양양하게 선두에 섰고, 흥분한 삼겹이도 뒤를 따랐다. 귤은 그냥 재미난 구경거리가 생겼다는 듯, 구경이나 한번 가보자는 심산으로 둘 뒤에 꼭 붙어서 따라갔다.

하지만 정작 길에 오른 뒤에는 시장 개들 성질을 건드리기라도 할까 봐 두려워 주제넘게 잘난 척할 수조차 없었다. 그런데 그곳에서 또라이깜보를 만나자 반갑기만 했다. 그렇게 잘난 척하던 돼지머리조차 또라이깜보에게 가까이 다가가 한동안 서로 몸을 비비적거렸을 정도였다.

돼지머리는 그곳에서 몇 날 며칠을 보냈다. 짝짓기에 성공했는지는 모른다. 이와 달리 삼겹이와 귤은 하루 전에 가서 상황을 살펴본 뒤 곧바로 조용히 101번지 골목길로 돌아와 쉬었다. 돼지머리 몸에 난 물어뜯긴 상처는 아마 늦은 밤 짝짓기를 위해 다른 수캐들과 피 터지는 경쟁을 벌인 끝에 얻은 결과물일 것이다. 녀석은 요즘도 여전히 성질을 죽이지 못하고 사람만 봤다 하면 셋 중 가장 먼저 위협적으로 짖어 댄다.

얼마 전 귤이 발정기에 접어들었을 때에도 뒷동산에서 한바탕 짝짓기가 벌어졌다. 낮이고 밤이고 가리지 않고 숲 속이 열기로 시끌벅적

했는데, 이때는 들개들 사이의 영역이 잠시 미묘하게 무너지면서 개라는 개는 가리지 않고 쓰레기장에 접근했다. 한 무리의 수캐들이 귤을 따라 산길을 내려왔고, 상사나무 아래에서는 개 짖는 소리가 그치지 않았다. 이럴 때 지르는 소리는 낯선 사람을 보고 다급하게 정신없이 짖어 댈 때 내는 소리와는 전혀 다르다. 좀 더 평화로운 느낌인데 상대를 위협하면서 뭔가 메시지를 전달하는 느낌이다. 멍멍 짖으면서 으르렁거리는 식이다.

들개들끼리 싸울 때는 보통 귀와 뺨을 많이 공격하고, 상대가 굴복하면 그 즉시 싸움도 끝이 난다. 사냥개들처럼 목을 급습해서 상대를 사지로 내몰겠다는 폭력적인 의도 같은 건 없다. 배우자를 차지하기 위한 경쟁에서는 예의를 갖춰 싸움에 임하기 때문에 보통은 시비 붙는 정도로 끝난다. 어떤 때는 누가 강하고 누가 약한지 판별하기도 모호하다. 폭력적으로 싸워서 영웅이 되는 게 암캐의 사랑을 받는 최상의 방법이 아니라는 걸 다들 너무나 잘 알기 때문이다.

📓 18일째 (2월)

또라이깜보가 온몸에 상처를 가득 안고서 나타났다. 시장에서 벌어진 짝짓기 경쟁에서 녀석도 다른 개들과 치열한 경쟁을 벌인 것이 분명하다.

녀석은 계속해서 동아네 가족과 함께 공터에서 밤을 보냈다. 그러다 동아네 가족은 다른 쪽 관목 수풀에 있던 타이어 깔개로 옮겨갔다. 꼬맹이가 좀 마르고 작기는 하지만 성격은 감자보다 독립적이고, 여기저기 돌아다니는 것도 더 좋아하는 편이어서 혼자서도 잘 놀았다. 어떤 때는 아예 일부러 감자를 피해 감자가 보지 못하는 곳에서 혼자 주변 환경을 탐험하는 놀이를 즐기곤 했다. 오히려 감자가 쓸쓸해하거나 지루해 보이는 표정을 지을 때가 많았다. 동아네 가족이 공터에 머무는 시일이 길어지면서 녀석들이 자주 다닌 덤불 위로 아예 작은 길이 하나 뚜렷하게 나 버렸다.

새끼를 기르기 이전에는 암캐가 수캐보다 더 게으르고 산만한데 새끼를 기르는 암캐는 대부분 비교적 기민하고 적극적이다. 동아에게서도 새끼를 기르는 영리하고 현명한 암캐의 모습을 엿볼 수 있다. 먹이가 많아서 골라 가져가야 할 때는 새끼들에게 어떤 걸 먹이는 게 좋을지 신중하게 고민을 거듭한 끝에 골라잡는다. 생선과 닭고기가 있으면 새끼들이 가시로 고생하지 않도록 후자를 고르는 식이다.

오후가 되자, 공사장 인부 몇 명이 공터에 찾아와 측량을 하고 갔다. 이 공터에 집을 지을 예정이기 때문이다. 갑자기 등장한 사람들에 놀란 동아네 가족은 다급히 산으로 달아났다. 또라이깜보도 대로를 건너 시장 쪽으로 달음박질을 쳤다. 혼자 움직이는 들개라고 보기에는 또라이깜보의 활동 범위가 꽤 넓은 편이기는 했지만 그래도 무리하게 벗어나는 건 아니다. 어쨌거나 녀석은 대부분 시장과 101번지 골목길 두 곳을 자기 구역으로 삼아 돌아다녔다.

📓 21일째(2월)

오늘은 아침부터 삼총사와 또라이깜보가 뒷동산에 모여 어슬렁거렸다. 아마도 짝짓기 철에 유리한 고지를 점하려는 의도일 것이다. 돼지머리는 늘 은연중에 꼬리를 수직으로 세우면서 삼총사 중에서 자신이 어떤 지위에 올라 있는지 드러내고, 다른 두 마리는 대부분 돼지머리에게 양보하며 지낸다. 계속해서 꼬리를 엉덩이 위로 높이 쳐들고 다니는 까닭에 멀리서도 돼지머리의 직각으로 곧추세운, 부풀어 오른 꼬리가 눈에 들어온다. 삼겹이와 귤도 꼬리를 세우기는 하지만 횟수가 훨씬 적고, 꼬리가 올라가는 높이도 그리 높지 않다.

들개들의 꼬리 세우기는 늑대의 그것만큼 무리 안에서의 계급과 지위를 명확하게 나타내지는 않지만, 그래도 돼지머리의 이런 행위가 삼총사 안에서, 심지어 동아 세 모자를 포함한 무리 안에서 녀석의 권위를 보여 주는 것이 아닌가 싶다. 또라이깜보는 꼬리를 세우지는 않지만 돼지머리 가까이로 움직일 때는 꼬리를 살짝 내리는 편이다. 내키지는 않지만 이런 묵계를 받아들이고 있는 것이다. 하지만 녀석은 계속해서 여기저기 돌아다니며 알아서 사는 타입인지라 돼지머리가 매일같이 꼬리를 높이 쳐들고 다니는 요즘에는 이곳으로 오는 횟수가 많이 줄었다.

오후가 되자 삼총사와 동아네 가족이 공터에 모여 일광욕을 즐겼다. 감자와 꼬맹이는 쉴 때도 어른 개들처럼 조용히 엎어져서 시간을 보내지 않는다. 그사이 또 많이 자란 두 녀석은 여기저기 돌아다니며 탐험에 나서기를 좋아하고, 이제는 엄마처럼 밖을 향해 짖을 줄도 안다. 동아는 요즘도 서서 젖을 물리지만, 젖 물리는 시간은 더 짧아져서 이제는 1분도 채 안 되어 새끼들을 떼어낼 때가 많다. 일부러 짜증 난다는 태도를 보이며 의도적으로 새끼들에게서 벗어나려고 한다.

감자와 꼬맹이가 젖을 다 먹고 나자 귤이 이쪽으로 건너와 앞다리를 펼친 채 꼬리를 흔들며 두 녀석에게 장난을 걸었다. 암캐로서의 모성 본능일 것이다. 다른 암캐가 낳은 새끼를 보며 새끼를 기르는 능력을 학습하거나 새끼를 잃은 마음을 달래는 것이다. 다른 수캐 두 마리는 감자와 꼬맹이 형제를 이렇게 상대해 주는 경우가 거의 없다. 아니 수캐 두 마리에게는 이 강아지들이 아예 눈에 들어오지도 않는다는 표현이 맞을 것이다.

꼬맹이는 체력이 꽤 좋아진 듯하다. 놀 때도 감자보다 더 기운이 넘친다. 강아지가 노는 방법을 알게 되었다는 사실은 건강한 몸을 갖게 되었음을 뜻한다. 다만 이 둘의 피부병은 아직 사라지지 않은 상태였다.

꼬맹이는 계속해서 자신만의 놀이에 빠져 있었다. 마치 눈에 보이지도 않는 투명한 무언가가 같이 놀아 주고 있기라도 한 것처럼 왔다 갔다 뛰어다니기에 바빴다. 귤이 자리를 뜨고 감자가 엄마에게 돌아가 옆에 엎드렸을 때도 꼬맹이는 공터에서 계속 혼자 놀았다. 하지만 이런 시간은 늘 짧았다. 조금 더 놀고 나니 기운도 빠지고 배도 고팠다. 그제야 꼬맹이는 발걸음을 재촉해 엄마 옆으로 돌아가 젖을 빨아

여기저기 돌아다니며 탐험을 즐기는 꼬맹이가 꽃을 살펴보고 있다(1994년 1월).

보려고 했지만, 동아는 아직 잠에서 깨지 않은 상태였으며, 꼬맹이에게 젖을 물릴 마음도 전혀 없었다.

📓 25일째(2월)

　　　　　부슬비가 내리는 가운데 동아네 가족이 버려진 나뭇더미와 관목 수풀 사이에서 비를 피할 만한 작은 구덩이를 찾았다. 녀석들은 온종일 그 안에 숨어 있다가 오후가 되어서야 밖으로 나와 털을 정리했다. 단조롭고 똑같은 하루가 매일매일 반복되고 있지만 그래도 아름다운 나날들이다.

　동아가 먹이를 구하러 밖으로 뛰어나가자 새끼들도 그뒤를 따라붙어 공터 가장자리 수풀이 무성한 곳까지 따라갔다. 하지만 늘 그랬듯 거기서 걸음을 멈추었다. 수풀이 무성한 공터, 작은 뒷동산 그리고 101번지 골목길 쓰레기장이 동아가 어린 새끼들에게 보여 준 세상의 전부이다. 사실 이것이 합리적인 것이다. 도시에 사는 들개들의 생활 범위는 사방 500미터 이내를 벗어나지 못한다. 별다른 외부 영향이 없는 한 그냥 그렇게 살다 죽는다.

　들개 중 흔히 말하는 '떠돌이 개'는 없다. 여기저기 돌아다니며 일정한 거주지 없이 사는 그런 '떠돌이 개' 말이다. 설사 있다고 해도 대부분 어떤 목적지로 향하기 위해 분주히 뛰어다니는 경우이다. 그런 경우 아마도 버려진 뒤 얼마 되지 않아 살 만한 곳을 찾아다니고 있는 개일 가능성이 크다. 그게 아니면 어떻게든 집에 찾아가려고 발버둥 치고 있는 것이다. 또 어쩌면 환경파괴로 더는 원래 살던 곳에서 살 수 없게 된 개일 수도 있다.

📓 29일째 (2월)

쌀쌀하면서도 건조한 날이다. 동아는 새끼 두 마리를 데리고 쓰레기장 근처에서 먹이를 찾기 시작했다. 새끼들이 어찌나 신이 났는지 먹이로 가득한 이 쓰레기장이 좋아서 난리이다. 하지만 쓰레기장에 음식물이 계속 들어온다고는 해도 모두 먹을 수 있는 것은 아니다.

그나마 먹을 만한 음식물은 대부분 근처 주민들이 쓰레기를 버리는 저녁 시간대에 집중적으로 나온다. 하지만 동아가 경솔하게 그 시간에 아이들을 데리고 쓰레기장에 나타날 리가 없다. 동아는 대부분 아침 시간에 새끼들을 데리고 한 바퀴 돈다. 그러다 보니 새끼들은 늘 배불리 먹지 못한 상태로 지내다가 저녁에야 젖을 문다. 하지만 요즘 들어 동아의 젖꼭지가 예전보다 더 작아지고 딱딱해졌으니 새끼들이 먹을 수 있는 젖의 양은 분명 훨씬 줄어들었을 것이다.

쓰레기장에서 같이 먹이를 찾고 있는 동아(왼쪽)와 감자(1994년 2월).

📓 32일째(2월)

　　이른 아침, 잠에서 깬 동아의 눈에 시장에서 공터까지 뛰어와 어슬렁거리는 개 세 마리가 들어왔다. 녀석들은 동아와 서로 냄새를 맡고 정보를 교환한 뒤 공터를 떠났다. 동아는 어린 새끼 두 마리를 데리고 공터 수풀에 맺힌 이슬을 핥더니 이어서 이파리를 씹어 먹었다. 들개든 집개든 위장의 소화 능력을 끌어올리기 위해 적당한 식물을 찾아내서 씹어 먹는 본능은 여전히 남아 있다. 심지어 야생풀로 몸에 좋지 않은 것을 위액과 함께 토해 내며 자기 몸을 관리하기도 한다.

난생처음 식물을 입에 대 본 강아지는 몇 차례에 걸친 좌절을 경험한다. 이를테면 가시 달린 비름이나 미모사를 입에 넣는 경우이다. 아직 피부가 연약한 데다 이런 자극을 견딜 재간도 없으니 아파서 울부짖는다. 이렇게 실패하면서 경험이 쌓이면 그제야 좀 기민해진다. 감자와 꼬맹이는 뜯어 먹을 풀을 찾아 나선 탐험에 재미가 붙었나 보다. 본인들이 굶주린 상태라는 것도 거의 잊은 모양이다.

점심때가 되자 건축 공사장 인부들이 공터에 또다시 나타나 오래도록 이것저것 측량을 하고 갔다. 동아와 감자는 이들을 피해 숨을 요량으로 먼 길을 빙 돈 다음 대로를 따라 한참을 가서 연못가를 지나 뒷동산으로 올라갔다. 혼자 수풀에서 놀던 꼬맹이는 사람 목소리를 듣곤 얼굴을 빼꼼 내밀었는데 동아와 감자가 보이지 않자 본능적으로 수풀 속으로 다시 파고 들어가더니 혼자서 뒷동산으로 돌아가 버렸다.

📓 36일째(2월)

골목길 끝 낚시터에 사는 콩나물이 정신이 나가기라도 한 듯 이삼일 연속으로 101번지 골목길을 뛰어다니며 어슬렁거렸다. 평상시보다 훨씬 오랫동안 이러고 다니면서 사방에 오줌을 싸 놓았다. 꼬리를 치며 전 세계에 "여기 암캐 있어요, 어서 날 찾아와요!"라고 알리는 것 같았다.

그런데 이상하게도 골목길 안에서는 아무 일도 일어나지 않았다. 정신없이 여기저기 돌아다니는 걸 보고 콩나물이 발정기에 접어든 줄 알았는데 그게 아니었다. 비가 거세지는 데도 녀석은 아랑곳하지 않았고 눈빛에서는 상실감이 느껴졌다. 알고 보니 함께 낚시터에 사는 방울이라는 개가 새끼를 아홉 마리나 낳은 것이 원인이었다.

이 일 때문에 콩나물이 어제부터 골목길 이곳저곳을 그렇게 사정없이 들쑤시고 다닌 것이다. 녀석이 살면서 처음으로 맞닥뜨린 좌절이다. 외로움과 두려움이 뒤섞인 그런 복잡한 감정. 이 상태로 낚시터에서 계속 살면 더 이상해질 것이다.

낚시터 주인은 새끼를 낳은 방울이를 돌보느라 콩나물에게는 신경 쓸 겨를이 없었다. 콩나물도 자신이 이러고 있는 까닭을 모른 채 정신없이 뭔가를 찾더니만 히스테리를 부리며 산기슭을 돌아다녔다. 조금 있다가는 또 귤을 찾아가 같이 노는가 싶더니만 이러고 있을 이유가 없다 싶었는지 아니면 만족이 되지 않았는지 또 사방천지를 날뛰며 돌아다녔다.

어쩌면 녀석의 잠재의식 속에 어떤 공포가 자리하고 있는지 모른다. 방울이는 낚시터 주인이 원래부터 집에서 키우던 개이다. 반면 콩나물은 임시로 낚시터에 끼어들어 정착한 개이다. 콩나물은 방울이가 새끼를 낳았으니 이제 자기가 쫓겨나는 건 아닌지 두려워하는 것 같았다. 아무 이유 없는 공포가 아니니 콩나물의 행동이 어느 정도는 이해가 되었다.

빗속에서 뛰어다니는 게 그렇게 좋은지 계속 길 위를 배회하던 콩

콩나물의 질투 대상이었던 방울이(1994년 2월).

나물은 오후 무렵 폭우가 쏟아지기 시작한 뒤에야 되돌아갔다. 방울이는 주인이 사는 목제 주택 안에서 아주 만족스럽게 새끼 아홉 마리에게 젖을 물리고 있었다. 콩나물은 낚시터 맞은편 헛간에 엎드려 목제 주택 쪽을 뚫어지게 노려봤다. 그 안으로 들어갈 생각은 하지도 못한 채 거기서 무슨 큰일이라도 난 듯, 아니꼽고 꼴 보기도 싫은 어떤 일이 일어나고 있기라도 한 듯.

내린 비로 공터 위는 진흙투성이가 되어 버렸고, 산꼭대기 흙구덩

상대적으로 신경질적이었던 콩나물. 자신이 얻고 잃는 것에 전전긍긍 민감하게 반응했다 (1994년 2월).

이도 푹 젖어 버렸다. 동아는 감자와 꼬맹이를 데리고 간이 차고로 내려와 비를 피했다. 빗방울은 끊임없이 떨어졌고 셋은 여전히 배가 고팠다. 바로 그때 귤이 간이 차고로 찾아와서는 동아 대신 감자와 꼬맹이를 돌봐 주었다. 엄마 역할을 되새겨 보고 싶은지 새끼 둘을 계속해서 핥아 주었는데 그 틈을 타 감자와 꼬맹이가 딱딱하게 굳은 귤의 젖꼭지를 세게 물고 빨았다. 그런데도 귤은 화를 내기는커녕 안타까운 눈으로 새끼들을 바라봤다.

돼지머리와 삼겹이는 다른 쪽 구석에 앉아 쉬는 데에 여념이 없었다. 짝짓기 쟁탈전에서 다른 개들이랑 싸움이 붙어 생긴 상처는 꽤 많이 나았다. 늘 똑같은 그렇고 그런 날들이 이어졌다. 새로운 일이라고는 아무것도 없이.

📝 38일째(2월)

이른 아침, 삼총사가 공터에서 대로를 향해 걸어갔다. 느릿느릿 산책하듯 앞에서 걷던 삼겹이와 귤이 참억새 숲을 지나 대로에 모습을 드러냈다.

종이 상자 하나를 들여다보느라 잠시 뒤로 처졌던 돼지머리가 길을 막 건너가려던 참이었다. 갑자기 앞에서 울부짖는 소리가 들려왔다. 작년 귤과 그 새끼들이 유기견 추격대에 쫓기며 달아나던 때 냈던 그 소리였다. 돼지머리는 본능적으로 고개를 돌리더니 반대쪽으로 내달렸다. 공터로 돌아온 돼지머리는 몸을 덜덜 떨었다. 대로 쪽 참억새 수풀은 텅 비어 있었다. 귤은 어디 간 거지? 삼겹이는? 코를 높이 세워 킁킁거려 봤지만 느껴지는 건 차가운 공기뿐이었다.

귤과 삼겹이는 돌아오지 않았다. 돼지머리가 공터에 서서 30분 넘게 기다렸지만 아무런 기척도 없었다. 돼지머리는 여전히 몸을 덜덜 떨고 있었다. 불길한 예감이 들었다. 대로에서 분명 뭔가 무서운 일이 벌어진 거다. 그 바람에 귤도 삼겹이도 돌아오지 못하는 거다. 하지만 돼지머리는 가볼 엄두를 내지 못했다. 갔다가 똑같은 일을 당할까 봐 두려웠다. 돼지머리는 그곳에 한참을 서 있다가 망연자실하게 사방을 둘러봤다. 그러고도 또 몇 시간을 그렇게 서 있다가 결국 기다리기를 포기했다. 녀석은 고개를 푹 떨군 채 조용히 뒷동산으로 돌아갔다. 간이 차고에도 가볼 엄두를 내지 못했다.

잠을 자는 와중에도 돼지머리는 수시로 깜짝깜짝 놀라서 깼다. 그러다가 멀리 산길에 큰 개 한 마리가 나타나자 반가운 마음에 마중을 나가 보았지만 귤도 삼겹이도 아니었다. 사방팔방 떠돌아다니는 또라이깜보가 먹이를 찾으러 쓰레기장으로 내려온 것이었다.

땅거미가 내려앉을 무렵 빗방울이 떨어지기 시작했지만 동아네 가족은 밤을 지내러 간이 차고로 내려오지 않았다. 그 바람에 돼지머리는 그곳에서 혼자 밤을 보냈다. 그러나 녀석은 잠들지 못했다. 돼지머리는 귤과 삼겹이가 돌아올 거라는 실낱같은 희망을 버리지 않았지만 현실에서는 그런 일이 일어나지 않았다.

2장
죽거나
비참하게 살아가거나

📓 40일째(2월)

　　　　　　농부 아저씨가 골목길 끄트머리를 지나가다
가 가져온 닭뼈 몇 개를 간이 차고에 넣어 두고 갔다.

　평상시 같으면 농부 아저씨의 소리를 들은 삼총사가 때맞춰 나타났
을 텐데 오늘은 돼지머리 혼자였다. 농부 아저씨도 뭔가 이상하다 싶
었다. 왜 이 녀석 혼자지? 닭뼈는 시장에서 가져온 것이다. 시장에서
닭을 파는 분이 장사를 마치고 나면 버리려고 모아 두는데, 요즘은 농
부 아저씨가 삼총사에게 줄 요량으로 챙겨 오곤 했다.

　돼지머리가 닭뼈를 뜯어 먹고 있는데 골목길 저 멀리서 개 한 마리
가 비틀거리며 걸어왔다. 돼지머리가 고개를 들어 그 모습을 멀리서
바라보았다. 기적이었다. 삼겹이였다. 멀리서 몸을 질질 끌고 천천히
겨우겨우 몸을 지탱해 가며 걸어오고 있었다. 돼지머리가 꼬리를 흔
들며 다가가 삼겹이의 냄새를 맡고는 녀석을 위로했다.

그런데 귤은? 돼지머리가 시선을 멀리 내던졌다. 언젠가 귤도 다시 나타나겠지 바라는 마음으로. 하지만 귤은 이미 산 위 주택가에서 내려오던 작은 트럭에 깔려 죽은 뒤였다. 삼겹이는 천신만고 끝에 살아남았지만 트럭에 치인 뒤 얼굴이 부어올라 원래 모습을 찾기가 힘들었다. 엉덩이에는 커다란 멍이 생겼고, 피가 배어 나와 있었다. 뒷다리에는 힘을 주지 못했고, 오른쪽 앞다리도 삐끗해서 걷는 게 거의 불가능했다. 그나마 왼쪽 앞다리로 땅을 딛고 몸을 지탱하며 한 발 한 발 앞으로 움직일 수 있을 뿐이었다.

사고가 난 직후 삼겹이는 수풀까지 기어 올라가 그곳에서 사경을 헤매며 밤을 보냈다. 원래는 바로 간이 차고로 갈 생각이었으나 뒷동산 산비탈을 올라갈 기운이 없었다. 다음 날 해질 무렵이 되어 체력이 조금 회복되자 그제야 왼쪽 앞다리에 몸을 싣고 느릿느릿 길을 돌아 나왔다. 인도를 따라 골목길 입구를 돌아서 간이 차고로 갈 심산이었다.

마침 그때가 초등학생들이 학교를 마치고 집으로 돌아가던 중이었다. 삼겹이는 몸을 담벼락에 꼭 붙인 채 천천히 천천히 앞을 향해 걸어갔다. 그러다가 담벼락 구석에서 멈추더니 더 움직일 엄두를 내지 못했다. 초등학교 고학년 아이들이 온몸이 피투성이가 된 삼겹이를 보고는 자기들끼리 수군거리더니 그중 하나가 더럽다며 발길질로 삼겹이를 위협했다. 깜짝 놀란 삼겹이가 몸을 이끌고 도망치려 했지만 힘이 없다 보니 겨우겨우 일어서서 두세 걸음 떼었다가 얼마 못 가 그만 쓰러지고 말았다. 아이들은 무슨 사냥감이라도 본 듯 더 신이 났고 삼겹이는 몸을 담벼락에 기댄 채 절망적으로 벌벌 떨었다. 다행히 지나가던 어른이 아이들을 저지했고 아이들은 그제서야 괴롭힘을 멈추고 자기들끼리 떠들며 자리를 떴다.

아이들이 떠나고 난 뒤 삼겹이는 다시 인도를 따라 천천히 몸을 끌고 용수나무 아래로 갔다. 녀석이 한 발짝 뗄 때마다 흘린 피가 골목길에 길게 이어져 있었다. 그렇게 또 하루가 지나 아침이 된 다음에야 삼겹이는 간이 차고로 돌아올 수 있었다.

돌아온 삼겹이는 쉬지도 않고 농부 아저씨가 가져다준 닭뼈를 게걸스레 먹어 댔다. 심하게 굶주린 상태임이 분명했다. 배를 채운 다음 다시 몸을 끌고 뒷동산 숲 속으로 가서 쉴 요량이었지만 반 정도 올라가고 나니 더 이상 움직이는 게 불가능했다. 그 자리에서 쉴 수밖에 없었다.

그날 밤부터 날씨가 다시 추워졌다. 허약해질 대로 허약해진 몸에 힘이라고는 조금도 남아 있지 않은 삼겹이는 거의 얼어죽을 지경이었다. 그나마 농부 아저씨가 가져다준 닭뼈를 먹고 그 기운으로 겨우 버티고 있었다.

📓 42일째(2월)

꼬맹이는 원래 감자보다 작고 허약했다. 연일 봄을 부르는 비가 내리는 가운데 찬바람까지 불어닥치니 제대로 먹지도 못하고 몸도 얼어붙어 버렸다. 더는 버티지 못한 꼬맹이는 결국 병사했다.

자신의 상태를 알기라도 했던 건지 마지막 숨을 몰아쉬기 전 흙구덩이 밖으로 나와 구덩이 옆 얼마 멀지 않은 곳에 몸을 가로뉘었다. 유동나무 잎이 아래로 쉼 없이 떨어지고 있었다. 동물에게는 가족에게 폐 끼치지 않고 혼자서 조용히 죽음을 맞이하고 싶은 본능이라도 있는 것일까.

엄마 동아는 넋이 나간 채 먼 곳을 바라봤지만 아무 표정도 없었다. 어쩌면 조만간 이런 일이 일어날 거라 예감했을지도 모른다. 야생에서 태어난 강아지라면 필연적으로 겪게 되는 도태란 바로 이런 것이다. 어둠이 내려앉을 무렵 몸이 조금 쇠약해진 감자가 기운을 내 엄마와 산을 내려가 간이 차고로 들어갔다. 그곳에서 돼지머리, 삼겹이와 같이 몸을 녹였다. 어린 감자의 마음속에 남동생의 죽음이 그림자를 드리웠을 테고, 녀석은 엄마 뒤에 꼭 붙어 떨어지려 하지 않았다.

삼겹이의 오른쪽 앞다리는 많이 호전된 듯하다. 엉덩이에 났던 커다란 멍도 사라졌다. 하지만 여전히 왼쪽 앞다리에 기대 몸을 질질 끌고 다닌다. 이제는 멀리 가서 자기 힘으로 먹이를 구해 올 수도 없다. 가끔 농부 아저씨가 가져다주는 닭발과 닭뼈가 아니었으면 벌써 굶어 죽었을지도 모른다.

📓 44일째(3월)

　　　　　날이 따뜻해지기 시작하자 또라이깡보가 다시 돌아왔다. 녀석은 동아 모자, 돼지머리와 같이 공터에서 햇볕을 쬐었다. 또라이깡보와 돼지머리 둘 다 사체처럼 볼썽사납게 몸을 축 늘어뜨리고 햇볕을 쬐고 있었다. 아마도 이렇게 온몸의 힘을 빼고 있는 게 햇볕 쬐기에 가장 편한 자세인 모양이다. 어쩌면 이렇게 아무런 구속도 받지 않고 머리 아플 일도 없이 보낼 수 있는 날들이 들개에게 가장 행복한 때가 아닐까.

　삼겹이는 다리에 난 상처가 여전해서 지금도 뒷동산을 넘어 공터까지 가지 못한다. 할 수 있는 건 그저 간이 차고에서 혼자 외로이 누워 있는 것뿐이다. 질주하는 자동차 소리만 들려도 녀석은 자기도 모르게 몸을 덜덜 떤다.

　이제 생후 3개월이 조금 지난 감자는 체격이 벌써 엄마 반 정도나 되었다. 잠에서 깬 뒤 배가 고파 여기저기 킁킁거리며 먹이를 찾고 있는데 수풀에서 고기 냄새가 났다. 냄새를 따라 수풀 속으로 들어가 한참을 찾은 끝에 옆 아파트에서 내던져 버린 유통기한이 지난 냉동 고기만두를 찾아냈다. 왕만두를 통째로 집어삼킨 다음 빗물에 젖은 잎줄기를 씹어 먹었다. 산뜻한 풀 냄새와 봄에 갓 피어난 새싹이 세상의 아름다움을 보여 주는 것만 같았다.

　동아가 감자를 찾아왔다. 녀석이 꼬리를 흔들며 엄마에게 다가갔고 둘은 서로 냄새를 맡았다. 이렇게 함께 아름다운 봄날을 맞이하고 있

동아(오른쪽)가 감자를 데리고 산에서 내려와 길에서 쉬고 있다. 꼬맹이는 이미 얼어 죽은 뒤
였고, 동아의 다리에는 여전히 가벼운 피부병이 남아 있다(1994년 3월).

지만 그러면서도 둘 다 알고 있는 듯했다. 이 세상에 이제 둘밖에 남지 않았다는 사실을.

둘은 공터 여기저기를 오가며 돌아다녔다. 어디에 가려고 그러는지 알 수 없었다. 그렇게 두세 바퀴 돌고도 떠나기가 싫었는지 제자리로 돌아가 휴식을 취했다.

📝 47일째(3월)

반쪽이가 단백질과 함께 다시 한 번 공터를 찾아왔다가 동아 모자와 마주쳤다. 역풍이 불어 동아가 반쪽이와 단백질을 향해 몇 번 짖었지만 두 녀석의 냄새를 맡고 나서는 더 이상 적의를 보이지 않았다.

그렇게 얼굴을 비친 반쪽이와 단백질은 같이 야생풀을 뜯어 먹다가 골목길 입구로 이동해 휴식을 청했다. 둘이 함께 지나가는 오토바이를 향해 짖으며 위협하기도 했다. 앞서거니 뒤서거니 하며 짖는 행동은 녀석들의 기세등등한 태도를 보여 주면서 먹이를 충분히 먹어 배가 부른 뒤 별달리 할 일이 없는 심리 상태를 대변하기도 한다.

돼지머리와 또라이깝보가 함께 나타나서 공터를 어슬렁거리다가 각자 자리를 잡고 몸을 뉘었다. 둘이 서로 긴밀하게 붙어다니는 건 아니었고 그냥 잠시 만나 같이 있는 정도였다. 삼겹이는 여전히 간이 차고에 엎드려 있었다. 늘 왼쪽 앞다리로 몸을 지탱해 가며 움직이다 보니 왼쪽 앞다리 관절이 크게 부어오른 것도 모자라 이상한 소리까지 나는 상태가 되었다.

📝 51일째(3월)

동아 모자가 간이 차고에서 돼지머리, 삼겹이와 같이 뭔가를 기다리고 있었다. 잠시 후 농부 아저씨가 보따리를 한 아름 짊어지고 나타났다. 시장 사장님이 오늘은 닭뼈를 더 많이 챙겨 주신 것이다. 며칠 연속 내리던 비가 그친 뒤 녀석들 앞에 간만에 풍성한 밥상이 차려졌다. 감자도 이제는 고기를 씹어 먹을 수 있었다. 배불리 밥을 먹고 난 뒤 동아는 감자를 데리고 골목길로 나가 다른 들개, 집개들과 함께 동네를 돌아다니며 놀았다. 그런데 예전의 감자 같았으면 공터에서 다른 개들이 오기를 기다렸다가 함께 어울렸을 텐데, 이번에는 거들먹거리는 반쪽이가 꼴불견이었는지 먹이를 찾다 말고 엄마와 함께 먼저 자리를 떠 되돌아왔다. 어쨌든 간에 엄마 동아가 다 큰 감자를 데리고 나간 첫 번째 나들이였다.

골목길 입구의 쓰레기 더미는 부근 들개와 집에서 키우는 개들이 모이는 집합소이다. 쓰레기차가 오기 전이면 늘 들개 무리가 이곳으로 모여들곤 한다. 대로와 101번지 골목길이 이곳에서 만나는데, 북쪽 터널로 이어지는 길까지 더해져 삼거리가 된다. 이처럼 도심 교통의 요충지가 때로는 개들의 집합소가 되기도 한다. 특히 밤늦은 시간 쓰레기 더미가 쌓여 있는 곳이라면 더더욱.

터널 쪽에는 순식간에 내달리는 자동차나 오토바이가 많은데 들개는 거의 나타나지 않는다. 대부분 그쪽으로 가던 개들도 터널 근처에 도착하기도 전에 방향을 바꿔 다시 돌아오곤 한다. 터널 자체가 어두운 동굴 같다 보니 들어갈 엄두를 내지 못하는 거다.

과연 이쪽에서 뛰어들어 가서 터널 맞은편으로 나간 개가 있기는 한 걸까? 아니면 맞은편에서 무사히 들어와 이쪽으로 뛰어나온 개는? 그것도 아니면 도대체 터널 반대편은 어떤 곳일까? 이 모두 101번지 골목길에 사는 들개들로서는 도무지 그 답을 알 수 없는 질문들이다.

뜻밖에도 골목길 안 몇몇 분식집 단골손님들 사이에서 이런 이야기가 오간 적이 있다. 그들 말로는 예전에 어느 집에서 키우던 검은색 개가 터널에 갔다 돌아온 적이 있다고 한다. 원래는 101번지 골목길에 살던 개였는데 주인이 터널 반대편에 데리고 가서 버린 모양이었다. 거기다 버렸으니 뒤탈이 없으리라 생각했는데 이 똑똑한 개가 일주일 뒤 동네 분식집 앞에 모습을 드러낼 줄 어찌 알았을까.

골목길 입구에는 다양한 개들이 출몰한다. 감자는 이 골목길의 깡패나 다름없는 개를 만난 적이 있는가 하면, 반쪽이와 단백질은 시장에서 온 개와 마주치기도 했다. 반쪽이는 자신을 거둬준 오토바이 가게에 보답이라도 하려는지 자동차, 오토바이를 보고 짖어 대는 게 낙이다. 이 가게로 와서 오토바이를 고치고 가라는 듯. 여기서는 공터에

서보다 더 목에 힘을 준다. 자기가 경찰이라도 되는 듯 늘 여기저기 뛰어다니느라 정신없이 바쁘다. 하지만 자세히 들여다보면 도대체 뭘 하느라 바쁜 건지 고개가 갸웃거려진다. 그냥 다른 개들에게 자기 자신을 더 알리고 싶어서 그러는 것만 같다.

삼겹이는 그사이 상당히 많이 좋아졌다. 움직이는 건 여전히 많이 불편해하지만 부기는 많이 가라앉았다. 아직도 몸을 질질 끌고 다니고, 지금도 뒷동산을 넘어가지는 못한다. 귤이 죽고 삼겹이가 크게 다친 뒤로 돼지머리는 경계심이 이만저만이 아니고, 삼겹이도 성격이 점점 괴팍해지고 있다. 두 녀석 모두 골목길 입구와 대로 근처에는 발길도 하지 않고, 농부 아저씨가 가져다주는 닭뼈나 먹으면서 골목길 끝에 엎드린 채 골목 입구 쪽을 뚫어지게 바라보기만 한다. 순식간에 질주하는 뭔가가 다시 나타나 공격해 올까 봐 두렵다는 듯이.

요즘 돼지머리는 어쩌다가 한 번 또라이깜보와 어울리기도 하고, 날이 따뜻할 때는 공터로 가서 동아 모자와 함께 햇볕을 쬐며 지낸다. 둘이 함께 있을 때 돼지머리와 또라이깜보를 보면 둘이 대등하게 어울린다는 게 눈에 확 띈다. 또라이깜보는 삼겹이처럼 돼지머리 앞에서 예의를 차리거나 양보하는 법이 없고, 돼지머리 옆에 붙어 따라다니지도 않는다. 대부분의 경우 또라이깜보는 여전히 종적이 묘연할 때가 많고, 여우처럼 혼자 살아간다. 농부 아저씨가 가져다주는 닭뼈를 받아먹는 일도 거의 없다.

엄밀히 말하면 들개 무리 안에서는 집에서 키우는 개들처럼 서열이 명확히 나뉘지 않는다. 특정한 작은 구역에 묶여 긴장한 상태로 살지 않기 때문이다. 바꿔 말하면, 녀석들이 살아가는 데 서열이라는 게 그다지 필요하지 않다. 집에서 키우는 개 사이에는 서열이 명확하게 드러난다. 먹이를 얻기 위해서이기도 하지만 작은 공간 안에서 사랑받으며, 사람의 관심을 받기 위해서이다.

그런데 돼지머리와 또라이깜보의 일시적인 어울림에서는 뚜렷한 상하관계가 보이지 않았다. 어떻게 보면 좀 모호한 우정을 유지하고 있는데, 최근 삼겹이가 움직이지 못하는 상황이다 보니 이 둘 사이의 이런 관계가 더욱 도드라진다. 이런 걸 보면 다른 개들과 의기투합하는 것이 불가능한 개들이 있는가 하면, 패거리를 지어 몰려다닐 줄 아는 개들도 있음을 알 수 있다. 돼지머리와 또라이깜보의 관계가 전자인 셈이고, 돼지머리와 삼겹이의 관계가 후자인 셈이다.

또라이깜보의 활동 범위는 좀 더 이야기해 볼 만하다. 이 동네 들개 중에서 활동 범위가 가장 넓은 녀석이 바로 또라이깜보이다. 예전에 시장 근처에서 어슬렁거리며 시간을 보내던 때는 심지어 대로를 따라 산위 주택가까지 뛰어가기도 했다.

버려졌거나 길을 잃은 상황이 아니더라도 일반적으로 들개들은 꽤 먼 거리를 돌아다닌다. 대부분은 암캐가 발정기에 접어들 때 나는 냄새를 맡고 마음이 들떠 정신 못 차리고 달려가는 거라서 도대체 자기가 얼마나 멀리 달려왔는지도 깨닫지 못할 때가 많다. 하지만 또라이깜보는 발정 난 암캐 때문에 그냥 앞뒤 가리지 않고 그런 결정을 내리는 게 아니다. 들개 중 한두 마리는 남들과 다르게, 원래 살던 생활 반경을 벗어나는 시도를 통해 자기 자신의 남다른 면모를 드러내려

경우가 있는데 또라이깜보가 바로 그런 전형적인 사례이다. 뜻밖에도 녀석의 이런 행적으로 인해 '방랑'이라는 단어의 의미가 이 동네 다른 들개들의 삶 속에 스며들기 시작했다. 또라이깜보는 이 동네의 집시 라는 칭호를 받아 마땅한 녀석이다.

물론 이런 의혹이 생길 수도 있다. 활동 반경이 그렇게 넓은데 또라 이깜보는 어떻게 각각의 동네마다 있는 개들의 근거지를 피해 다니느 냐는 것이다. 그런데 녀석의 행동을 잘 관찰해 보면 답이 나온다. 대체 로 녀석은 딱히 거만하지도 그렇다고 비굴하지도 않게 행동한다. 다 른 개 무리를 지나칠 때도 차분하면서도 힘 있는 걸음걸이를 유지하 지, 많이 놀라거나 당황하는 기색을 보이지 않는다. 게다가 다른 개들 의 근거지를 마구 휘저으며 다닌다든가 이리저리 킁킁거리며 돌아다 니지도 않는다. 언제나 그냥 여기를 지나갈 뿐이라는 태도를 명확히 전하고, 그곳에서 먹이를 찾지도 않는다. 이것이 바로 녀석이 다른 개 들이 사는 구역에 들어가면서도 다툼 없이 넓은 반경을 무대로 살아 가는 비결이다.

또 하루가 지나자 드디어 삼겹이가 돼지머리, 동아 모자와 함께 산을 넘을 수 있게 되었다. 녀석은 산을 넘어 향한 공터에서 햇볕을 쬐었다. 본인도 기분이 좋았는지 동작이 좀 느리긴 해도 누울 때는 과장된 동 작을 많이 보여 주었다. 자기 꼬리를 계속해서 깨문다든지, 몸을 여러 차례 뒹군다든지 하는 식으로 말이다. 돼지머리가 자리를 뜨려고 하는 데도 삼겹이는 오랫동안 느낄 수 없었던 따뜻한 햇볕에 몸을 맡긴 채 계속 누워 있었다. 개로 살아오면서 지금이 가장 행복한 때인 것처럼.

📓 68일째(3월)

　　　　　　삼겹이가 동아 모자와 함께 스펀지 매트 위에서 밤을 보냈다. 다음 날 이른 아침, 돼지머리가 이들을 찾아왔고, 녀석들은 간이 차고에서 닭뼈를 가져다줄 농부 아저씨를 함께 기다렸다. 감자는 여전히 닭뼈를 잘 깨물지 못하는 까닭에 동아가 이로 잘라 주면 그제야 뜯어 먹는다.

　푸르미가 다시 나타났다. 겉모습이 그레이트데인(대형 견종으로 행동이 대담하고 근육이 발달되어 있다.)과 흡사한 토종개로 성격이 활달하고 장난기도 많은 녀석이다. 주인과 함께 옆 골목길에 사는 집개인데 101번지 골목길로 놀러 올 때가 있다. 푸르미는 한참 동안 아무 소식이 없다가 어쩌다가 한 번씩 얼굴을 내비치는 녀석이다. 하지만 한 번 나타나기만 하면 온 골목길을 다 휘저으며 뛰어다니고, 자기보다 빨리 질주하는 차만 지나쳐도 짖어 대느라 바쁘다. 그러니 매번 올 때마다 이 골목의 큰 개와 싸움이 붙는다.

　겉모습이 살짝 로트와일러(대형 견종으로 힘이 세고 영리해서 경찰견 등으로 활동한다) 혈통인 듯 보이는 덩치라는 개는 늘 집의 차고 안에 갇혀 지내는 집개이다. 덩치가 밖에 나오기 어렵다는 걸 아는 푸르미는 매번 신이 나서 차고 앞까지 달려가 일부러 얼굴을 대문 밑으로 밀어 넣고 대문 안을 향해 짖으며 성질을 돋운다. 여기에 화딱지가 난 덩치는 또 미친 듯이 짖어 대고. 그러다가 또 덩치 네 옆집에 사는 전형적인 대형견 로트와일러에게 덤벼들기도 하는데 이 녀석은 귀찮아서 푸르미를 상대도 해 주지 않는다. 한 번은 푸르미가 간이 차고로 뛰어들어 왔는데 이걸 본 동아 모자가 몸을 납작 엎드리더니 조심조심 돼지머리를 따라 재빨리 산으로 올라가 버렸다. 다들 괜히 시비 붙는 게 싫기도 하고, 푸르미와 그러고 있을 정신이 없기도 한 듯했다.

점심 무렵 돼지머리 일행이 닭뼈를 뜯어 먹고 있는데 푸르미가 다시 나타났다. 늘 그렇듯 다른 개들 성질을 돋우면서 등장했다. 밥 먹고 있는 들개는 가능하면 건드리지 않는 게 좋다. 게다가 한 마리도 아니고 한 무리라면 더 말할 것도 없다. 그러나 앞뒤 분간 하지 못하고 덤벼든 푸르미는 결과적으로 생각지도 못한 극렬 공격에 맞닥뜨리고 말았다. 돼지머리만 화가 난 게 아니라 평상시에는 조용하던 삼겹이까지 짖어 대기 시작했다.

더 재미있는 건 동아가 상황을 엿보고 있다가 이 판에 뛰어들었고, 옆에 있던 감자까지 덩달아 흥분해서 짖어 댔다. 푸르미가 아무리 기고만장한 녀석이라 해도 혼자서 넷을 감당할 재간은 없었다. 게다가 먹이 때문에 목숨 걸고 죽기 살기로 덤벼드는 기세에 눌려 녀석은 꼬리를 내리고는 혼비백산해서 도망치고 말았다.

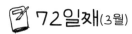 72일째(3월)

찌는 듯 더운 날씨가 꼭 한여름 같다. 동아

모자와 돼지머리, 삼겹이는 간이 차고에서 내내 쉬었다. 안타깝게도 감자 몸의 홍반이 날이 갈수록 심해지더니 완전히 곪아 버렸다. 농부 아저씨가 나타나지 않을 때면 녀석은 온종일 망연자실하면서도 흐리멍덩한 눈빛으로 낯익은 행인들이 먹을 것을 버려 주길 기다린다. 농부 아저씨는 며칠째 나타나지 않고 있다.

이틀째 맑은 날이 계속되었고, 동아 모자는 공터 마른 풀 더미 위에서 밤을 보냈다. 아마 거기가 그나마 좀 따뜻해서 그런 것일 것이다. 그런데 오늘 따라 몸 위로 이른 아침의 햇살이 비추는데도 감자는 꾸물거리며 일어날 기색이 없다. 그러다가 일어나서 엄마와 함께 풀밭의 빗물 웅덩이에서 목을 축이고, 아스팔트 길로 들어선 다음, 앞발을 길게 뻗어서 운동도 하고 몸도 풀었다. 모자의 아침 체조이다. 이런 동작을 하면서 동시에 복부의 가려움도 덜어 내는 것이다.

🖋 76일째(4월)

농부 아저씨는 여전히 모습을 보이지 않고 있다. 아저씨에게 의지하는 게 습관이 되다 보니 녀석들이 이제는 나가서 먹이를 구해 올 생각도 하지 않는다. 어젯밤에는 도저히 견디기 힘들었는지 돼지머리와 동아가 골목길 입구로 먹이를 구하러 갔다. 삼겹이도 용기를 내어 몸을 기우뚱거리며 그뒤를 쫓아갔다. 하지만 삼겹이는 돼지머리와 동아가 먹이를 다 먹고 되돌아올 즈음에야 힘겹게 골목길 입구에 닿을 수 있었는데, 그때는 이미 먹을 거라고는 아무것도 남아 있지 않은 상태였다.

거기에 반쪽이와 단백질까지 튀어나와 귀찮게 굴었다. 반쪽이는 꼬리를 흔들며 삼겹이 주변을 돌아다니면서 상황을 관찰했다. 이렇게 늦게 왔으니 당연히 아무것도 없는 거 아니냐고 말하는 것만 같았다. 삼겹이는 반쪽이를 거들떠보지도 않은 채 역시나 학교 담장에 몸을 기대어 걸으며 돌아갔다. 간이 차고에 돌아와 보니 다른 개들은 이미 기분 좋은 잠에 푹 빠져 있었다.

📝 80일째 (4월)

깊은 밤, 동아가 혼자서 골목 입구로 걸어가 행인이 버리고 간 빵 쪼가리를 입에 물었다. 반 정도 먹고 남은 빵을 입에 물고 돌아가 감자에게 먹였다. 아직은 감자 혼자 골목길 입구까지 가서 먹이를 찾아올 능력이 안 되는 상황이다.

새벽 3시, 동아 모자와 돼지머리가 공터에서 함께 어슬렁거렸다. 그때 알 수 없는 차량이 녀석들 쪽으로 다가오는 바람에 다들 깜짝 놀라 미친 듯이 짖어 댔다. 차는 쓰던 가구 한 무더기를 슬그머니 내려놓더니 부르릉부르릉 시동을 걸었다. 이 소리에 다시 놀란 개들은 이번에

동아 모자가 간이 차고에서 따사로운 햇볕을 쬐고 있다(1994년 4월).

는 아예 멀찍이 물러났다.

차가 떠난 깊은 밤, 인적이 사라진 정적 속에 시원하고 상쾌한 공기가 감돌았다. 인간에게 길들지 않았던 늑대 조상들의 야성을 닮아 들개들은 낮보다 밤에 정신이 훨씬 더 또렷하고, 활동량도 많아진다.

짝짓기 시기가 다가오자 개들끼리 서로 물어뜯고 싸우는 일이 잦아졌다. 툭하면 어제 멀쩡했던 놈이 오늘 보니 다리를 다쳐 잘 걷지 못하거나 몸 어딘가가 피떡이 되어 나타나거나 한다.

📓 87일째(4월)

농부 아저씨가 시장에서 닭뼈를 한 무더기 가져왔다. 하필 녀석들이 자리에 없어 당황하기는 했지만 아저씨는 하던 대로 닭뼈를 간이 차고 구석에 두고 갔다. 얼마 지나지 않아 녀석들이 냄새를 맡고 이리로 찾아올 거라고 믿는 것이다. 아저씨가 멀리서 자전거를 타고 골목길 입구에 나타나면 '따르릉따르릉' 소리를 들은 개들이 너도나도 몰려들어 간이 차고 앞에 서서 기다리곤 했다.

농부 아저씨가 자리를 뜨고 난 뒤에 수풀에서 나온 동아와 감자가 닭뼈 주변으로 가더니만 닭뼈를 입에 물고 열심히 물어뜯었다. 얼마 지나지 않아 돼지머리와 삼겹이도 뒷동산에서 내려왔다. 날이 너무 후덥지근해서 그런지 다들 식욕이 별로 없는 듯하다.

너무 딱딱해서 잘 뜯어지지 않는지 감자가 제 닭뼈를 먹지 않고 돼지머리가 나간 틈을 타서 돼지머리의 닭뼈를 몰래 가져가 버렸다. 그러고는 감자가 엄마가 먹던 닭뼈도 뺏어 먹으려 하자 동아가 하나밖에 남지 않은 새끼에게 으르렁거리며 화를 냈다. 감자는 한 번 짖어 보는가 싶더니만 바로 땅에 엎드려 엄마의 위협에 무릎을 꿇고 말았다.

식사를 마친 뒤 녀석들은 각자 간이 차고 한쪽에 자리를 잡고는 엎드렸다. 오늘 골목길은 온종일 쥐죽은 듯 조용하다. 돌아다니는 개 한 마리 보이지 않는다. 방울이와 새끼들이 낚시터 주인 손에 이끌려 다른 곳으로 보내지는 바람에 이제 근처에 남은 개라곤 콩나물뿐이다. 방울이네 가족이 떠나자 콩나물은 다시 살판이 났다. 낚시터를 찾는

굴(오른쪽)과 콩나물은 골목길의 친한 언니 동생 사이였다(1994년 2월).

낯선 손님들에게 늘 살갑게 인사를 걸고, 배 좀 만져 달라고 벌러덩 눕는 일이 다반사이다.

하지만 굴이 죽은 뒤로 콩나물도 상실감을 감추지 못하고 있다. 마음을 터놓을 수 있는 친구를 잃은 듯했다. 최근에는 간이 차고에서 돼지머리, 삼겹이와도 거의 어울리지 않는다. 서로 다른 구역에서 홀로 살아가는 다수의 암캐 사이에는 이런 미묘한 정서와 더불어 뭔가 좀 독특한 우정 같은 것이 있는 것 같다. 수캐들에게는 없는, 관찰하기 힘든 면모이다. 동아, 단백질, 콩나물 그리고 죽은 굴 사이에 보일 듯 보이지 않는 듯한 어떤 관계가 맺어져 있는 것이다.

날이 후덥지근해서 개들도 멀리 나갈 생각을 하지 않는데 쓰레기차도 일찍 와서 쓰레기를 거둬 가니 밤이 되어도 녀석들이 골목길 입구에서 먹이를 충분히 구할 길이 없다. 요즈음 녀석들은 농부 아저씨가 가져다주는 닭뼈나 동네 경비 아저씨들이 먹다 남긴 음식을 먹으며 살고 있다. 공터 옆 찻길을 지나가다가 음식 쓰레기를 버리는 차들도 가끔 있는데, 그럴 때는 녀석들이 의외의 소득을 올리는 날이다.

📝 91일째 (4월)

유동나무 꽃이 활짝 피었다. 점심때가 되자 동아와 감자가 꽃잎이 가득 떨어진 산길을 따라 공터로 내려왔다. 감자는 빗물 웅덩이에서 목을 축이고 몸을 씻더니, 엄마에게 털 정리를 해 달라고 졸랐다. 몸을 깨끗이 씻은 다음, 둘은 작은 흙 언덕까지 걸어가 자리를 잡고 휴식을 취했다. 그러다가 더운 날씨를 피해 다시 나무판 밑으로 들어갔다. 동아와 감자의 피부가 곪으면서 피딱지도 많이 생겼다. 감자는 오른쪽 귀 전체가 피딱지, 홍반으로 인한 상처로 뒤덮였다. 녀석을 본 사람들은 감자가 앞으로 얼마나 더 살 수 있을지 걱정할 정도였다.

돼지머리와 삼겹이가 같이 연못을 지나 공터로 왔다. 평상시와 별다를 게 없어 보였지만 자세히 살펴보면 어떤 쓸쓸함 같은 것이 느껴졌다. 얼마 전 차에 치여 크게 다친 삼겹이는 이제 느리기는 해도 달릴 수

감자의 피부병이 좋아질 기미가 보이지 않는다. 오히려 더 심해진 것 같다(1994년 4월).

있게 되었다. 콩나물은 귤의 부재를 이제 사실로 받아들이고 있고, 요 며칠은 돼지머리, 삼겹이와도 다시 어울려 보려고 노력하고 있다.

일전에 동아에게 피부병이 옮은 건지 콩나물은 귀 쪽 피부가 벗겨 지고 복부 쪽도 벌겋게 부어오르며 피부가 벗겨지는 증상을 보였다. 그러자 낚시터 주인 아저씨가 피부병이 좋아질 때까지 며칠 못 나가 게 한 적이 있다. 갇혀 있는 동안 어찌나 슬피 울어 대며 나가고 싶어 하는지, 간이 차고에 있는 개들도 그 소리에 심란해하며 불안한 마음 을 감추지 못했다.

귀 부분이 곪아 버린 감자(1994년 4월).

📓 104일째(4월)

　　개 한 마리가 쓰레기장에 나타났다. 녀석이 계속해서 돼지머리와 삼겹이 무리에 끼고 싶어 하자 감자는 녀석을 향해 크게 멍멍 짖어 댔다. 피부병이 다 나은 콩나물이 바람을 쐬러 나왔다가 감자가 짖어 대는 소리를 듣더니 새로 등장한 녀석과 서로 엉덩이 냄새를 맡고 꼬리를 흔들었다. "얘 이상한 애 아니야."라고 말하는 듯했다. 또 그렇게 함으로써 새로 등장한 녀석에게 자신의 위치를 각인시키는 것 같았다. 하지만 누구도 녀석을 상대해 주지 않았고, 결국 새로 등장한 녀석은 성을 내며 자리를 뜨더니 골목길에서 자취를 감췄다. 새로운 친구를 받아들이지는 못했지만 꼬리를 높게 쳐든 콩나물의 눈에서 커다란 변화가 느껴졌다.

이른 아침, 공터에 개 두 마리가 나타났다. 버려진 지 얼마 되지 않은 것 같았다.

둘 다 살짝 황갈색이 돌았고, 건장한 체형에 성격도 활달해서 툭하면 같이 어울려 놀았다. 그중 도베르만핀셔(골격이 견고하고 근육이 다부진 대형견)와 체형이 비슷한 녀석에게는 무화과라는 이름을, 양몰이 개인 목양견 혈통을 물려받은 게 확실해 보이는 다른 한 마리에게는 청어라는 이름을 지어 주었다. 둘 다 암캐였다. 녀석들은 나중에 뒷동산 산비탈에 터를 잡았는데 가끔 산에서 공터로 탐방을 오곤 했다. 둘은 공터를 자기들 근거지로 여겼다.

이보다 더 큰 변화도 있었다. 그건 바로 골목길 입구에 있던 오토바이 가게가 이사를 간 것이다. 이에 따라 반쪽이와 단백질은 함께 버려지고 말았다. 버려진 녀석들은 대로 건너편에 자리한 산동네에 가서 지내다가 날씨가 좋아지면 이쪽으로 건너와 공터에서 잠을 청했다. 녀석들은 자기들이 다닐 길을 직접 뚫었고, 철문에 난 작은 구멍을 비집고 공터에 들어와 먹이를 찾아다녔다.

둘은 처음에는 골목길 입구에 자주 나타났다. 반쪽이는 예전에 비해 자신감을 많이 잃은 듯했고, 온종일 풀이 죽어 있었다. 밤이 되어

개들이 쓰레기장에 몰려들 때도 사방팔방 돌아다니던 예전 모습은 온데간데없이 조용히 예전에 살던 집에 머물렀다. 단백질보다 더 기운이 없어 보였다.

얼마 지나지 않아 오토바이 가게 자리에 이발소가 들어섰고, 반쪽이와 단백질은 가게 앞에 엎드려 있다가 위협을 당하거나 쫓겨났다. 이런 일이 두세 번 반복되자 둘 다 그 근처로는 갈 엄두를 내지 못했다. 그나마 밤이나 되어야 몰래 골목길 입구에 나타나 먹이를 찾아 먹었고, 대부분의 시간을 대로를 어슬렁거리며 보냈다. 하지만 찻길을 배회하는 둘의 모습에서는 다른 개들에게 보이는 기민함이 아니라 망연자실한 상실감이 느껴졌다. 저쪽에서 차가 정신없이 달려오는 데도 아랑곳하지 않았다. 게다가 지나가다 사람을 보면 잔뜩 겁을 집어먹곤 했다. 짖어 대는 능력까지 빼앗긴 듯했다. 어쩌면 짖는 행위의 의미마저 잃어버린 건지도 모르겠다.

겉으로 보면 단백질이 반쪽이보다 침착해 보였지만 사실은 정반대였다. 녀석이 받은 충격이 훨씬 더 컸다. 여유롭게 살던 때의 자신감을 모조리 잃어버린 채 허둥지둥 갈피를 잡지 못하는 반쪽이와 함께 발길 닿는 대로 돌아다녔다. 한때 집개였던 반쪽이와 단백질은 다른 들개들처럼 초라한 신세가 되고 말았다.

기세등등했던 반쪽이는 버려진 뒤 망연자실한 표정을 감추지 못했다(1994년 4월).

📓 106일째(5월)

어제 신문에 타이베이 전역의 들개들이 엄혹한 현실에 맞닥뜨리게 될 것이라는 기사가 실렸다. 기사에 따르면 앞으로 식별표(집개인지 식별할 수 있는 평범한 이름표, 목걸이 등을 모두 포함한다)가 없는 개는 들개로 간주해서 모조리 도살할 예정이라고 했다. 옛날에는 기르던 개를 더는 돌보기 어렵겠다는 판단이 들면 그냥 아무 곳에나 갖다 버렸다. 그런데 요즘은 버리긴 하지만 도살되지는 않았으면 하는 바람으로 도심에서 멀지 않은 교외 지역이나 들판에 갖다 버린다. 개들이 먹고 살 먹이가 있으면서 유기견 추격대가 거의 나타나지 않는 지역인 까닭이다. 최근 들어 갑자기 101번지 골목길에 나타나는 유기견이 많아진 것도 이 때문일 것이다. 하지만 아무리 먹이가 많은 곳이라 한들 들개는 결국 혼자 힘으로 먹고살다가 죽음을 맞이해야 하고, 수시로 죽음의 위협에도 맞닥뜨려야 한다.

이 도시는 이런 결정이 가져올 후유증과 그에 따른 도살의 비극에 대해서는 눈을 감고 있다. 이런 점에서 어제는 이 도시의 역사에서 가장 수치스러운 날이다. 떠돌아다니는 개들에게 살아갈 공간을 허락하지 않는, 인간만 살 수 있는 도시. 유기견에게 시민권은 없다.

예전에는 개를 버리려는 사람들에게 먼저 버려 본 사람들이 이런 충고를 하곤 했다. 버릴 때 버리더라도 버리는 순간에는 반드시 부드러운 눈길로 개를 쳐다봐 주라고. 주인이 다시 돌아오지 않을 거라는 걸 알아채지 못하게, 조용히 몰래 사라지라고. 자신들이 주인에게 버

버려진 청어(오른쪽)와 무화과가 뒷동산을 정신없이 휘젓고 다니며 놀고 있다(1994년 5월).

려진 게 아니라 길을 잃은 거라고 생각하도록. 개중에는 그렇게 버려
진 뒤에도 신기하게 주인집까지 제 발로 찾아간 녀석들이 있기도 하
지만 그래 봤자 소수에 불과하다. 그렇게까지 되돌아왔는데 다시 더
멀리 가져다 버려야겠다는 마음을 먹는다면 그건 죄일 것이다.

　아침이 되자 무화과와 청어가 신나게 공터로 뛰어왔다. 그러다 여
기서 예기치 않게 반쪽이, 단백질과 마주쳤다. 반쪽이가 못마땅한 기
색을 내비치긴 했지만 상대 둘이 자기보다 훨씬 크다 보니 우울한 모

습으로 단백질을 따라 자리를 떴다.

무화과와 청어는 아마도 버려진 지 얼마 되지 않은 것 같다. 악의적으로 쫓겨난 것 같지도 않고. 심리적으로도 잘 적응하고 있는 듯 보인다. 악랄한 방식으로 버려진 개들, 이를테면 차 안에 있다가 주인에게 떠밀려 버려졌다거나 심하게 욕을 먹고 쫓겨났다거나 차 타고 멀리 가서 버려지는 바람에 기력이 다 빠질 때까지 떠나는 주인의 차를 죽어라 뒤쫓아 간 끝에 결국 버려진 개들은 심각할 정도의 좌절을 겪게 되고 자기 자신은 물론 사람에게, 심지어 앞으로의 삶 전체에 자신감을 잃게 된다. 버려진 뒤 아예 넋이 나가 버린 반쪽이와 단백질이 바로 이런 예이다.

이와 반대로 청어와 무화과의 주인은 둘을 버릴 때 분명 조용히 몰래 사라졌을 것이다. 녀석들이 주인을 찾지 못해도 그냥 길을 잃은 거라고 착각하도록. 그래서 버려졌음에도 비교적 평온하고 활달한 심리 상태를 유지하고 있는 것이다. 하지만 그렇다고 해서 이런 상황을 꼭 좋게만 볼 수는 없다. 특히 요즘 같은 때는 더더욱.

예전의 삼총사나 동아네 가족처럼 오랫동안 밖에서 산 개들은 늘 무기력에 빠져 있고, 생기라고는 찾아보기 힘들다. 넋을 놓고 사는 것이다. 단백질과 반쪽이는 여전히 공터에 나타나기는 하지만 버려진 가구들처럼 쥐죽은 듯 지낸다. 별다른 움직임도 없이. 넋을 잃은 채 배회하는 단백질과 반쪽이 그리고 행복하게 여기저기 뛰어다니는 청어와 무화과. 요 며칠 공터의 모습이다.

돌아갈 집이 없어진 반쪽이가 길가에서 쉬고 있다(1994년 5월).

108일채(5월)

　　단백질과 반쪽이가 대로 건너 길가에서 운 좋게도 아파트 주민이 버린 음식물을 찾아냈다. 무화과와 청어가 마침 산에서 내려오다가 둘과 마주쳤는데, 어찌 된 상황인지 모르는 듯 이리저리 간섭하더니 아예 먹이를 빼앗아 버렸다. 지고만 있을 수 없었는지 반쪽이가 둘에게 성질을 부렸지만 덩치가 큰 무화과와 청어에게 협공을 당해서 결국 패배를 인정한 채 억지로 물러섰다. 한쪽 구석에 있던 단백질은 아예 짖을 엄두도 내지 못했다.

무화과와 청어는 배를 채우고 나더니 단백질과 반쪽이 앞까지 걸어가서는 꼬리를 흔들고, 무릎을 꿇고 앉기도 하더니만 엉덩이를 치켜들고 몸을 뒹굴거리며 능글능글 약까지 올렸다. 이 둘을 어떻게도 이길 수 없다 싶었던 반쪽이와 단백질은 새로 버려진 가구 더미에서 구멍을 하나 찾아냈고, 그 구멍을 통해 덤불을 건너 골목길 입구로 가버렸다. 무화과와 청어도 따라가고 싶었지만 구멍이 너무 작아 둘에게는 무리였다. 어쩌지 못하고 그냥 공터에 남아 있는데 비가 내리기 시작했다. 둘은 여전히 공터를 어슬렁거렸다.

단백질과 반쪽이는 수시로 공터로 돌아와 무화과와 청어가 돌아갔는지 살폈지만 이 둘은 반쪽이와 단백질만 눈에 띄면 바로 돌아왔다. 단백질과 반쪽이를 골려 주며 놀고 싶었던 것이다. 그래서 단백질과 반쪽이도 어쩔 수 없이 이 둘과 같이 어울려 보기도 했지만 이건 좀 아니다 싶었는지 둘은 곧 돌아가 버렸다.

이렇게 공터에서 만나고 헤어지기를 반복하면서 넷은 점차 서로 익숙한 사이가 되어 갔다. 양쪽 다 버려진 뒤 적응기를 거치고 있는 와중이다 보니 자연스레 자기 영역을 찾아다니다가 자꾸 마주치게 되는 것이다. 반쪽이와 단백질도 이제는 마음을 굳힌 듯했다. 이런저런 방해가 있지만 이곳에 터를 잡기로, 다시는 예전 집이 있던 골목길 입구로 돌아가지 않기로.

📝 110일째(5월)

　　　　　　돼지머리와 삼겹이는 늘 신이 나서 다니는 순진무구한 무화과, 청어와 마주치기 싫어서 며칠을 연이어 먼 길을 돌아갔다. 그러고는 연못 한쪽에서 대로를 따라 걸어가며 시장에 사는 개들과 만날 채비를 했다. 오늘도 이렇게 시장 개들과 만나 대로 위에서 하릴없이 어슬렁거렸다. 꽃이 피는 따뜻한 봄이 되니 개들도 따스하고 아름다운 날씨가 느껴지는 것이겠지.

　삼겹이는 마치 이곳에서 귤과 같이 겪었던 교통사고를 잊어버린 듯했다. 그리고 이때 다시 비극이 찾아왔다. 순식간에 들이닥친 유기견 추격 차량에 뭔가 이상한 낌새를 느낀 개들이 사방으로 흩어지며 달아났다. 이렇게 한동안 추격이 이어졌고, 찻길 위에서는 끔찍한 비명 소리가 그치지 않았다. 뒷동산에 있던 동아와 감자조차 이 소리에 놀라 산에서 내려올 엄두를 내지 못했을 정도였다.

　잘 움직이지 못하는 삼겹이의 목을 누군가가 금속 올가미로 낚아챘다. 유기견 추격대가 제작한 포획용 기구인데 이걸로 머리를 옭아매서 목 졸라 죽이거나 끌고 갔다. 그런데 뜻밖에도 삼겹이 목을 옭아맸던 올가미가 좀 헐거웠는지 녀석이 그 틈을 타서 운 좋게 줄행랑을 쳤다. 하지만 돼지머리에게는 그런 행운이 일어나지 않았다. 올가미에 제대로 걸린 돼지머리는 제대로 짖어 보지도 못한 채 추격대 차량 안으로 끌려 들어갔다. 삼총사는 결국 이렇게 무너지고 말았다.

📓 111일째(5월)

엄마 동아와 함께 공터에 먹이를 찾으러 갔던 감자가 무화과와 청어에게 호되게 당하고 말았다. 하지만 감자는 반쪽이처럼 자기가 잘못했다며 옆으로 눕지 않았다. 지지 않겠다는 마음으로 커다란 개들을 향해 으르렁거렸다. 하지만 결국 무화과에게 엉덩이를 물려 한참을 계속해서 울어야 했다.

이 모습을 보면서도 엄마 동아는 참견하지 않았다. 어쩌면 이런 경험이 감자에게 좋은 약이 되겠다고 생각한 것인지 모르겠다. 일이 벌어진 뒤 다가가 감자의 엉덩이를 핥아 준 게 전부였다. 여전히 화가 풀리지 않은 감자가 무화과를 향해 몇 차례 짖어 댔다. 마침 아파트 주민이 위에서 내던진 음식물 쓰레기가 동아 모자 앞으로 떨어졌지만 둘은 건드릴 엄두조차 내지 못했고, 재빨리 달려온 무화과와 청어가 기분 좋게 입에 물고 가버렸다.

단백질과 반쪽이는 덤불에서 얼굴을 내민 채 이 상황을 침착하게 지켜보다가 결정을 내렸다. 여기 더 오래 있으면 안 될 것 같으니 시장으로 가 보자는 쪽으로 말이다. 이렇게 해서 101번지 골목길을 떠난 적이 없던 이 단짝은 대로를 건너 가게 되었다.

처음에는 작은 길을 따라갔다. 오가는 차량은 있어도 개는 한 마리도 보이지 않는 길이었다. 차량을 보자 무슨 죄라도 지은 듯 겁을 잔뜩 집어 먹었지만 주변에 다른 개가 하나도 없다는 걸 알고는 둘 다 점점 간이 커지기 시작했다. 신이 난 반쪽이가 앞장섰다. 무슨 국기라도 꽂은 듯 꼬리를 하늘 높이 쳐들고 흔들며 걸어갔다. 오토바이 가게에 살 때의 위풍당당한 모습으로 다시 돌아온 듯했다.

그런데 모퉁이를 돌자 갑자기 한 무더기의 개들이 눈앞에 나타났다. 바람 부는 쪽을 마주 보며 서 있던 녀석들의 코에 반쪽이의 냄새가 들어간 지 오래였다. 전에 대로에서 삼총사와 우연히 마주쳤던 녀석들로, 그중 한두 마리는 101번지 골목길을 종종 어슬렁거렸던 녀석들이었다. 하지만 반쪽이를 본 녀석들은 낯선 개를 본 듯 굴었다. 아마 일부러 난처하게 하려는 속셈일 것이다. 녀석들은 한사코 반쪽이를 모른 척하면서 멀리서 멍멍 짖어 댔다.

그 바람에 겁을 집어먹은 반쪽이는 발을 헛디뎠고 다리에 힘이 풀려 버렸다. 앞으로 나갈 엄두조차 내지 못했다. 오히려 단백질이 겁 없이 길옆에 딱 붙어 섰다. 귀는 평상시보다 살짝 처진 정도였고, 입가에는 자신만만한 미소가 걸려 있었다. 그렇게 천천히 앞을 향해 걸어갔다. 그 결과, 저쪽 녀석들도 단백질이 편안히 지나갈 수 있도록 길을 비켜 주었다. 반쪽이도 용기를 내서 귀를 살짝 들어올린 채 단백질이 한 그대로 따라 해 보려고 하자 무리에 있던 한두 녀석이 뒤에서 반쪽이를 공격해 왔다. 옛날 101번지 골목길에서 당했던 괴롭힘을 되갚아 주려는 듯했다. 놀란 반쪽이가 미끄러졌다가 재빨리 일어나더니 꼬리를 엉덩이 사이에 끼웠다. 뒷다리가 세 개인 것처럼 보였다. 한동안 그렇게 다급히 도망치더니 다시 몸을 숙인 채 앞에 있던 차량 아래로 기어들어 갔다. 반쪽이는 고개를 내밀 엄두도 내지 못한 채 그렇게 오랫동안 그 아래에 숨어 있었다.

상대 무리가 흩어진 뒤에야 차량 아래에 숨어 있던 반쪽이가 기어 나왔다. 단백질은 아무 일도 없었다는 듯 멀지 않은 곳에서 어슬렁거리며 반쪽이를 기다리고 있었다. 둘이 서로 냄새를 맡았다. 무슨 말을 주고받았는지 모를 일이다. 어쩌면 이런 대화를 나눴을지도 모른다.

"너 괜찮아?"

"별일 아니야."

"걔네 다 갔어."

"녀석들이 여기 나타나는 걸 보니 시장 쪽에도 먹을 게 별로 없나 봐!"

"그럴지도 모르지."

"어쩌면 우리가 전에 살던 곳에 먹을 게 더 많을지도 몰라."

결국 둘은 시장으로 가기로 한 계획을 접고 다시 골목길 입구로 돌아왔다. 그 결과 뜻밖에도 한 음식점에서 내다 버린 음식물 쓰레기를 발견했다. 반쪽이가 오늘따라 유난히 기분 좋게 먹어 치웠다.

📓 112일째 (5월)

새벽 무렵, 검은색 수캐 한 마리와 중간 크기의 하얀색 암캐 한 마리가 공터에 나타났다. 검은색 수캐는 계속해서 무화과를 따라다니며 엉덩이 냄새를 맡았고, 시도 때도 없이 무화과 위로 올라타 짝짓기를 하려고 했다. 무화과는 녀석이 올라타면 3~4초도 되지 않아 화가 난 듯 그러면서도 또 부끄러운 듯 처량하게 짖어대면서 귀찮게 구는 녀석에게서 벗어났다.

무화과가 발정기에 접어들었다. 들개들 사이의 짝짓기에서는 암캐가 발정기에 접어들면 일단 약 사나흘에 걸친 준비 기간을 거친다. 이 기간에 수캐를 불러모은 다음 그중에서 상대를 고르는 식이다. 발정기 초기에는 조바심이 나서 어떻게든 빨리 짝짓기를 하고 싶어 달려드는 수캐들도 있지만 암캐가 바로 맞아 줄 리 만무하다. 일단 밀고 당기는 기간을 거치면서 쫓아오는 개들을 한동안 관찰하다가 결정을 내린다. 그중에서 적합한 상대로 말이다. 이렇게 해서 자신이 점찍은 상대가 다가오면 그때 등에 올라타게 해 준다. 이렇게 한동안 있다가 자세를 바꿔 엉덩이를 맞붙인 상태로 어느 정도 시간이 지나면 짝짓기가 끝난다.

몇몇 전문가들은 발정기에 접어든 개들에게서도 강간이나 위협적인 상황이 발생하며 이 경우 암캐가 아무리 원하지 않아도 수캐가 위협적이고 거대한 체격과 강한 힘으로 암캐를 굴복시키고 짝짓기에 성공하기도 한다고 말한다. 그런데 이런 상황은 아마 집에서 키우는 개들 사이에서 일어날 가능성이 더 클 것이다. 들개 사이의 짝짓기에서는 쉽게 일어나지 않는다.

일단 집에 사는 개들은 오랫동안 사람 손에서 길러지기 때문에 명확한 개성과 자신감이 생기게 되고, 자아도 강해진다. 이 때문에 짝짓기 시에도 훨씬 더 주동적으로 나서며 강한 소유욕을 보인다. 게다가 집에서 사는 개들의 경우 보통 짝짓기 상대와의 비율이 1 : 1이거나 두세 마리가 좁은 공간에 같이 사는 경우가 많다.

하지만 들개들의 짝짓기 과정에서는 보통 일고여덟 마리의 들개가 무리를 지어 돌아다닌다. 이렇게 집단을 이루어 함께 어울리다 보면 집단에 속한 수캐들은 서로 경쟁을 벌이면서도 그 안에서 규칙을 지키게 된다. 그러면서 하나같이 덜떨어지고 맹목적인 성적 충동에 사로잡힌 꼴을 보인다. 수캐가 강한 힘을 과시할 수는 있어도 짝짓기를 강제할 수는 없다. 쉬지 않고 암캐 곁에 접근해서 가까운 거리를 유지할 수는 있어도 암캐가 그 수캐를 선택하란 법은 없다.

설사 이 상황에 집개가 끼어든다고 해도 이 개 역시 들개들의 행동 양식을 따르게 된다. 그저 암캐를 중심으로 끊임없이 그 주변을 돌아다니면서 암캐가 가까이 다가와 주기를, 암캐가 선택해 주기를 막연히 기다리는 수밖에 없다. 암캐는 상당한 주도권을 갖고 마음에 드는 상대를 짝짓기 대상으로 선택한다.

암캐가 꼭 체격이 우람한 수캐를 선택하지는 않는다. 사람 눈에 가장 건장해 보이는 개가 선택받지 못할 때도 있다. 다리를 절더라도 심지어 가장 마르고 여윈 녀석이라도 다른 건장한 수캐보다 더 쉽게 암캐의 호감을 살 때도 있다. 암캐가 어떤 조건에 따라 상대를 선택하는지는 동물 연구를 하는 사람들이 깊게 파 볼 만한 주제이다.

한 번 실패한 검은색 수캐는 다시 무화과를 따라다니며 엉덩이 냄새를 맡기 시작했다. 흰 개와 청어 사이에서는 아무 일도 일어나지 않았고, 둘은 그냥 자기들 멋대로 아스팔트 길 위에 누워 버렸다. 뭘 어찌하는지 보고 배우려는 것 같았다. 그러는 와중에 다른 들개들이 몰려들었다. 그중에서도 무화과 옆에 가장 가까이 붙어서 치근덕거리는 건 역시 검은색 수캐였다. 녀석은 그렇게 온 밤을 울어 댔다. 대로 옆 다른 쪽에 있던 단백질과 반쪽이가 그 소리에 계속해서 짖어 댔다. 꼭 이렇게 따지는 것 같았다. "야, 시끄러워 죽겠어!"

새벽이 되자 여기에 서너 마리가 더 끼어들었다. 온몸이 더럽게 때가 낀 들개도 있었고, 털에서 빛이 나는 집개도 있었다. 하나같이 어떻게든 무화과 곁에 가까이 가고 싶어 안달이었다. 심지어 또라이깜보까지 나타난 상황이었다. 하지만 하나같이 다 검은색 수캐와 마찬가지 대접을 받았다. 그중 어떤 놈도 무화과의 부름을 받지 못했다. 무화과는 애교를 떨면서 일부러 수캐들 주변을 왔다갔다하는 것 같았다. 딱히 어디로 가겠다는 마음도 없으면서. 하지만 무화과가 한 번 움직이기라도 하면 다른 수캐들은 허둥지둥 그뒤를 바짝 쫓았다. 기회를 놓칠까 봐 단단히 긴장한 상태였다.

청어는 계속해서 이 상황을 옆에서 지켜보았다. 이 일은 무화과의 일일 뿐이라는 듯. 시간이 지나 날이 더워지자, 녀석은 아예 뒷동산으로 올라가 버렸고, 무화과가 부끄러운 듯 그뒤를 따랐다. 다른 개들은 얼떨떨한 모습으로 고개를 젓고 꼬리를 흔들어 대면서 피리 부는 사나이를 따라갔던 어린 아이들처럼 멍한 표정으로 무화과의 뒤를 쫓아 갔다. 그곳에서 이따금 개들끼리 소란을 피우는 소리가 들려왔다. 오밤중에 파티라도 벌어진 듯했다.

천진하고 활달한, 사람을 좋아하던 청어가 뒷동산에서 어슬렁거리고 있다(1994년 5월).

📓 115일째(5월)

어젯밤에 무화과와 청어, 삼겹이가 공터로 모여들었다. 시장에서 온 황갈색의 커다란 개 한 마리가 발정기가 끝나 가는 무화과 뒤를 바짝 쫓아가 짝짓기를 시도했다. 하지만 얼마 전 다른 수캐들에게 한 것과 마찬가지로 무화과는 큰 소리로 짖어 대며 녀석의 등에 올라탈 기회를 주지 않았다. 뒤늦게 찾아온 이 커다란 수놈을 받아 줄 마음이 전혀 없는 것이 분명했다.

삼총사였던 단짝 귤이와 돼지머리를 연이어 잃은 삼겹이는 외로움을 많이 탔다. 무화과와 청어, 이 두 마리 암캐를 쫓아다니며 이 무리를 통해서라도 우울한 마음을 달래 보려 했다. 녀석의 목에는 아직도 금속 올가미가 남아 있었고, 늘 질질 끌고 다니는 뒷다리는 다시 다친 게 분명했다. 걸음이라도 뗄라치면 절뚝거릴 수밖에 없었고, 걸을 때마다 너무 힘겨워했다.

단백질과 반쪽이는 계속 덤불 안에서 상황을 주시하고 있었다. 무화과 무리에 대한 반감은 여전했고, 늘 이 공터를 온전히 점유하고 싶다는 생각에 골몰했다. 반쪽이는 옛날 골목길 입구에 살던 때의 자신감을 되찾은 듯 보였다. 어쩌면 그사이 들개로서의 삶에 익숙해졌는지도 모르겠다. 들개 무리가 뒷동산으로 몰려간 틈을 타, 공터를 차지한 반쪽이와 단백질이 그쪽을 향해 있는 힘을 다해 짖어 댔다. 오토바이 가게에 살 때보다 더 힘이 붙은 것 같았고, 자신이야말로 이 공터의 진정한 주인이라고 외치는 것만 같았다.

무화과와 청어는 뒷동산 산비탈에서 계속 쉬고 있었다. 그러다가 배가 고프면 쓰레기장으로 내려와 먹이를 찾아다녔다. 한동안 짝짓기 하러 몰려왔던 온 동네 수캐들은 드디어 뿔뿔이 흩어졌다. 그 덕에 뒷동산은 며칠 동안 이어진 축제가 끝나기라도 한 듯 고요해졌다. 동아 모자는 해질녘이면 뒷동산으로 돌아갔고, 그곳에서 무화과, 청어와 함께 지내야 한다는 사실도 받아들였다.

이번 발정기를 거치면서, 무화과와 청어는 점차 자신들이 들개라는 사실을 깨달아 갔다. 집에서 키우는 개가 보이는 순진무구한 행동도 더 이상 보이지 않았다. 툭하면 배가 고프다 보니 늘 밝고 명랑하던 모습도 사라졌다.

밤이 되자 큰비가 쏟아졌다. 동아 모자는 물론 외로움에 힘들어하는 삼겹이도 뒷동산 산비탈로 걸어 올라가 무화과, 청어와 함께 비를 피했다. 멀리서 보면 목에 올가미를 달고 있는 삼겹이는 형벌을 받고 있는 죄수 같다. 녀석은 온종일 쇠사슬을 끌고 힘겹고 고달프게 돌아다녔다. 뒷동산 진흙길 위에는 삼겹이가 질질 끌며 지나간 듯한 발자국 흔적이 적잖이 보였다. 녀석이 남긴 흔적이라는 걸 척 보면 알 수 있었다.

돼지머리가 사라진 뒤 녀석들에게는 간이 차고도 공터도 이전보다 안전하지 않은 곳이 되어 버렸다. 돼지머리를 중심으로 형성되었던 무리가 무너지고 새로운 조합이 만들어지고 있었다.

📖 117일째(5월)

        공교롭게도 동아 역시 발정기에 접어들었다. 1년에 두 번 발정하는 것은 암캐의 일반적인 습성이다. 반년 전 감자와 꼬맹이 등을 낳은 터였다. 그러니 이번에 다시 발정기에 접어든 것이 놀랄 일은 아니다.

  전문가들이 계산해 낸 바로는 암캐 한 마리가 1년 평균 두 번 출산하고, 그 해 동안 그 암캐와 암캐의 새끼들이 낳은 자손들을 합하면 보통 서른 마리 정도 된다고 한다. 만약 첫 출산에서 예닐곱 마리를 낳았다고 치고, 그중 적어도 두 마리가 암캐라고 하면, 암캐 두 마리가 나중에 임신에 성공해서 새끼를 낳는다고 가정하면, 이렇게 저렇게 다 합하면 서른 마리가 될 수 있다.

  하지만 들개는 상대적으로 생존율이 높은 들쥐도 아니고, 집에서 키우는 개도 아니어서 늘 생명이 위태롭다. 차에 치일 걱정도 없이, 추격대에 쫓길 필요도 없이, 전염병을 두려워할 필요도 없이 사는 집개와는 다르다.

  밖에서 사는 들개 한 마리가 짊어져야 할 위험은 집개의 그것과는 비교도 할 수 없다. 동아가 첫 출산과 두 번째 출산에서 낳은 새끼가 십여 마리 정도 될 텐데 결국 그중 감자 한 마리만 겨우 살아남을 수 있었던 이유가 바로 이것이다. 감자는 그나마 운이 좋은 편이다. 대다수 새끼 들개들의 생존율은 아마 이보다 더 낮을 것이다.

  이른 새벽, 골목길 중간 용수나무 아래로 개 여덟 마리가 모여들었다. 동아, 감자, 삼겹이 그리고 골목길에 모습을 드러낸 적 없는 들개 네 마리에 타이완 견종인 타카사고 개의 혈통을 물려받은 것 같은 집 개도 한 마리 포함되어 있었다. 집개는 삼각형 얼굴에, 양쪽 뺨이 입을 향해 몰려 있어 여우처럼 보였다. 가장 중요한 점은 넓고 탄탄한 가슴 과 위로 올라붙은 배가 사람으로 치면 보디빌더 같았고, 여기에 길고 쭉 뻗은 건강하고 힘 있는 다리가 붙어 있었다.

녀석이 먼저 동아에게 호감을 보였다. 다급하면서도 우악스러운 동 작이었다. 동아는 계속 녀석을 피해 다녔다. 그 호감을 절대 받아들일 수 없다는 의미 같았다. 다른 수캐들도 전혀 녀석의 우람하고 용맹한 체형에 개의치 않고 돌아가면서 동아에게 접근했고, 호감을 사려 들 었다. 이렇게 자리다툼이 나면서 그 안에서 개들끼리 충돌하며 내지 르는 소리가 끊임없이 들려왔다. 물론 서로 위협을 가하기는 했지만 어느 정도까지만 충돌하고 크게 발전하지는 않았다.

감자는 옆에서 상황을 주시했다. 미리 예습이라도 하는 건지 아니 면 관심이 없는 건지 알 수 없는 노릇이다. 다만 수캐들을 빙 둘러 천 천히 오갔다. 뒷다리를 다친 삼겹이는 행동이 좀 굼뜨기는 했지만 그 래도 아주 신이 나서 이 상황에 한 발 담가 보고 싶은 듯했다.

얼마 지나지 않아 옆에서 빗자루를 든 사람이 하나 나타나 개들을 휘휘 쫓아 버렸다. 이성을 잃은 사람처럼 욕에 욕을 해대며 개들을 내 쫓았다. 무슨 못 볼꼴을 봐서 그런 게 아니라 개가 많이 모여 있어서 저러다가 무슨 일이라도 벌어질까 봐 그러는 듯했다. 그 바람에 개들 은 순식간에 흩어졌지만, 결국 다른 곳에 다시 모여들었다.

📖 118일째(5월)

들개 무리가 계속해서 커다란 용수나무 아래로 모여들었다. 어제 발정기에 접어든 동아에게 넋을 잃고 따라붙은 몇 마리가 오늘도 동아 뒤를 바짝 따라붙었다. 타카사고 개만 나타나지 않았는데 아마도 집에 갇혀서 못 나왔을 것이다. 하지만 대신 오른쪽 눈 부분에 까만 테두리가 쳐진 만화 〈달려라 바우〉*에 나오는 주인공을 닮은 하얀 수캐가 나타났다.

그런데 개들이 다 몰려들기도 전에 유기견 추격대 차량이 순식간에 돌진해 들어왔다. 그러고는 커다란 추격용 망태기를 휘두르자 골목길에 익숙하지 않은 수캐 두 마리가 순식간에 잡히고 말았다. 어제 그 사람이 신고한 게 분명했다.

화들짝 놀란 수캐들이 정신없이 사방으로 도망쳤지만 곧이어 두세 마리가 또다시 산 채로 붙잡혔다. 머리 회전이 빠른 동아는 몸을 낮춘 채 옆에 있던 차량 밑으로 들어가 숨어 있다가 감자와 함께 재빨리 산으로 돌아갔다.

삼겹이는 더 기민했다. 유기견 추격대 차량이 멈춰서면서 사방의 공기가 얼어붙는 듯했는데 그 순간 기이할 정도의 불안감에 사로잡힌 녀석은 옆에 있던 차 밑으로 조용히 숨어들었다.

---

* 만화가 테리 야마모토[テリー山本]의 작품으로, 한국에서는 《바우와우》라는 제목의 만화로 출간되었으며, 이후 〈달려라 바우〉라는 제목의 TV 만화로도 방영되었다. / 옮긴이

📓 120일째(5월)

　　　　　유동나무 꽃이 차차 지고 무더운 날씨가 시작되었다. 무화과와 청어는 산에서 휴식을 취하며 거의 내려오지 않았다. 이른 아침 대로에서 또다시 처량한 울부짖음 소리가 들려왔다. 이제 막 자신감을 회복한 불쌍한 반쪽이가 대로까지 걸어갔다가 산 위 주택가에서 순식간에 돌진해 내려온 차에 치여 죽고 말았다.

　녀석과 함께였던 단백질이 목메어 흐느끼며 공황에 빠진 듯 정신없이 공터로 뛰어 돌아갔다. 슬픔과 막막함이 묻어나는 얼굴을 한 채로. 주인에게 버려진 뒤 함께 다니던 단짝의 죽음까지 겪게 되었으니 이보다 더한 슬픔이 어디 있을까!

　개는 시각이 후각보다 훨씬 약하다. 게다가 차의 속도에 대한 판단력도 보통 서너 살 먹은 어린 아이 수준이다. 그러다 보니 산에서 내려오면서 차들의 속도가 유난히 더 빨라지는 이 대로에서 비명에 간 들개가 유기견 추격대에 잡혀 간 개보다 결코 적다고 할 수 없다.

　오후가 되자, 동아가 공터에 나타났다. 얼마 지나지 않아 감자도 골목길 입구에서 초등학교를 지나 대로를 거쳐 나타났다. 101번지 골목길로는 들어가지 않았다. 엄마를 보자 기분이 좋아진 감자가 동아에게 달려들더니 얼굴을 비비적거렸고 둘이 함께 공터에서 먹이를 찾아다녔다. 감자 혼자 골목길 입구에서 대로를 돌아 뒷산으로 돌아온 건 이번이 처음이다. 감자는 반쪽이의 시체 옆을 지날 때 발걸음을 다급히 재촉했다. 심리적 공포가 너무 커서 어찌할 바를 몰라 했다.

밤이 깊었건만 단백질은 공터를 쉬지 않고 배회했고 낮은 소리로 한동안 울음을 그치지 않았다. 들개로 오래 살다 보면 슬픔이라는 감정도 옅어지게 마련이다. 삶 자체가 고통이고, 거의 매일 이렇게 비참한 생활에 맞닥뜨리게 되면, 그저 이게 운명이라고 받아들이고 내일을 위해 먹이를 찾아다니며 마음을 굳게 먹고 살아가게 된다. 하지만 단백질처럼 집에서 살다가 버려진 지 얼마 안 된 개가 단짝의 죽음을 겪게 되면 몸과 마음이 약해질 수밖에 없고 정서적으로도 자기 자신을 통제하기가 어렵다. 달빛이 단백질의 몸 위로 떨어지자 길고 긴, 쓸쓸하면서도 외로운 녀석의 그림자가 드러났다.

📔 124일째(5월)

　　　　　　　동아와 감자가 골목 입구에 있는 초등학교 운동장으로 옮겨 갔다. 이곳은 꽤 조용하고 안전한 곳인데 어떻게 개들이 마음대로 들락날락거릴 수 있는 걸까? 알고 보니 지하철 공사 관계로 지하에 주차장을 만들고 있는데 그 바람에 운동장을 잠시 폐쇄한 상황이었다. 그러다 보니 이 학교 운동장이 들개들에게는 생각지도 못한 새로운 낙원이 되었다. 지금도 동아 모자가 뒷동산에 올라가거나 먹이를 찾으러 간이 차고 옆 쓰레기장을 찾기도 하지만 골목길 끄트머리에 자리한 쓰레기장은 이미 무화과와 청어, 삼겹이의 새로운 삼총사 세상이 되어 버렸다.

삼겹이의 목에 남은, 유기견 추격대가 엉겁결에 손에서 놓친 금속 올가미는 멀리서도 눈에 띈다. 다행히 삼겹이의 다친 뒷다리는 거의 다 나은 듯했다. 다른 개들은 대부분 유기견 추격대에 잡혀가서 특히 시장 쪽에서는 개를 거의 찾아볼 수 없게 되었다.

이곳저곳을 떠돌아다니는 또라이깜보만 운 좋게 아무 탈 없이 평안했다. 운이 좋은 거다. 하지만 황야의 나그네처럼 여기저기 어슬렁거리던 녀석의 눈에도 동네마다 있던 개들이 사라진 것은 보일 것이다. 곳곳에서 뭔가 불안한 분위기가 느껴질 테니 겉으로는 아무 일 없어 보이지만 심리적으로는 분명 피로감에 휩싸여 있을 것이다.

지친 몸으로 학교 운동장으로 들어간 또라이깜보 쪽으로 슬픔에 빠진 단백질이 걸어왔다. 그동안 쌓였던 감정이 그 순간 터져 나왔다. 하얀 바탕에 검은색 털이 나 있어 생김새가 엇비슷한 작고 건장한 이 두 마리 토종개는 예전부터 친구 사이였다. 서로 냄새를 맡으며 무슨 말을 나눴는지는 알 수 없지만 둘 다 살아남은 자의 슬픔에 빠져 있는 듯했다. 아마 이런 대화를 나눴으리라.

"너무 피곤해."

"나도."

"다른 애들은?"

"다 안 보여."

"이제 어떻게 살 거야?"

"그냥 되는 대로."

"그래."

어쩌면 정말로 그냥 아무 계획 없이 무작정 살아갈지도 모른다. 한동안 그렇게 서로 비비적거리더니 뭔가 상대를 새롭게 발견한 느낌이라도 받은 듯 전생에 무슨 인연이라도 있었다는 듯 놀랍게도 둘이 짝을 지어 다니기 시작했다. 그뒤 또라이깜보는 101번지 골목길에 전처럼 자주 벗어나지 않았다. 다시 말하면 단백질과 함께하기 시작했다는 이야기이다.

집시처럼 떠돌던 또라이깜보가 정착한 이유가 뭘까? 유기견 추격

지쳐 버린 뒤, 떠돌이 생활을 멈춘 또라이깜보(1994년 5월).

대가 여기저기 휩쓸고 다니며 개를 잡아가면서 시장 근처에 살던 개
들이 아예 종적을 감춘 걸 보고 무서웠을지도 모른다. 그 상태에서 공
터에 가 보고 뒷동산에도 올라가 보니 친구가 아직 남아 있어 그나마
안심이 되지 않았을까. 이렇게 해서 이 도시의 외진 끝자락에 자리한
101번지 골목길이 잠시나마 거리의 개들에게 마지막 실낙원이 되어
주었다. 하지만 이 상태가 도대체 얼마나 더 유지될 수 있을까?

127일째 (5월)

초등학교 운동장에는 먹이가 없고, 골목길
입구에도 저녁이나 되어야 쓰레기 더미가 쌓이는 탓에 동아와 감자
는 어쩔 수 없이 골목 끝 쓰레기장 옆 간이 차고 근처로 돌아왔다. 농
부 아저씨가 닭발을 가지고 올지 기다리기 위해서였다. 삼겹이도 마
찬가지였다. 녀석들은 이렇게 우연히 마주쳤다가도 곧바로 또 자리
를 떴다.

동아와 감자의 피부병은 많이 좋아졌다. 어쩌면 날이 더워지면서
햇볕을 쬐는 시간이 길어진 까닭인지도 모른다. 더러운 쓰레기장을
떠난 게 더 큰 이유겠지만.

📓 136일째(6월)

　　내리는 빗속에 삼겹이가 혼자 간이 차고로 들어와 쉬고 있었다. 농부 아저씨는 늘 그렇듯 닭발과 닭뼈를 들고 찾아왔고, 삼겹이가 아저씨가 가져온 먹이를 먹는 소리가 울려 퍼졌다. 유난히 강인한 생명력이 느껴졌다. 온힘을 다해 집중해서 먹이를 먹는 모습에서 어딜 가든 다 거기서 거기니까 그냥 돌아와서 운명을 받아들이고 살겠다는 마음이 느껴졌다. 나이가 좀 지긋한 개 중에서는 유일하게 살아남은, 생사의 고비를 두 번이나 넘긴 녀석이 무슨 생각을 하고 있는지 정확히 알 수는 없었다.

　삼겹이도 이제는 동아와 마찬가지로 사람만 보면 멀리 도망쳐 버린다. 이제 녀석을 안심시킬 수 있는 사람은 농부 아저씨뿐이다. 열심히 먹이를 먹고 있을 때에도 아저씨가 가까이 다가가도 무서워하지 않는다. 그런데 아저씨가 다가가서 녀석의 목에 걸려 있는 금속 올가미를 반쯤 풀었을 때 녀석이 갑자기 화들짝 놀라며 도망가 버렸다. 황당한 건 녀석이 너무 긴장해서 덤불을 파고들다가 심하게 부딪치는 바람에 운 좋게도 금속 올가미가 끊어지면서 떨어져 나간 것이다.

　오랫동안 금속 올가미에 묶여 있던 목에는 상처가 남아 있었다. 바깥으로 드러난 옅은 붉은색 살갗은 아마 처음에 올가미에 걸릴 때 난 상처일 것이다. 올가미를 풀지 못한 채 오랜 시간이 흘렀고, 그사이 끊임없이 살갗이 금속에 쓸리면서 살점이 떨어져 나가 염증이 반복되면서 계속 고름이 나왔다. 그러다 보니 상처가 나은 적이 없었다. 만약 농부 아저씨가 풀어 주지 않았다면 구더기가 생기고 살이 썩어 버렸을지도 모른다.

생각지도 않게 올가미에서 벗어난 삼겹이는 놀란 듯했지만 기분은 좋아 보였다. 걸음걸이도 가볍고 경쾌해졌다. 심지어 늘 축 처져 있던 꼬리를 살짝 흔들어 보이기까지 했다. 마치 이생의 가장 행복한 순간이 바로 지금이라는 듯.

📓 139일째(6월)

삼겹이는 계속 간이 차고에 머물며 농부 아저씨가 음식물을 가져다주길 기다렸다. 청어와 무화과도 얼굴을 드러내더니 이 기다림의 의식에 동참했다. 먹이를 다 먹고 난 뒤 녀석들은 늘 그렇듯 뒷동산으로 올라가 더위를 피했다.

오후가 되자 날씨가 좀 서늘해졌고, 동아와 감자는 공터를 지나 뒷동산으로 향했다. 감자는 동아와 맞먹을 정도로 체격이 커졌고, 피부병도 다 나은 지 이미 오래였다. 나이가 들면서 체내에서 항체가 만들어져서 달고 다녔던 피부병을 이겨낸 것인지도 모른다. 녀석은 기적처럼 모든 단계에 도사리고 있던 위험을 이겨냈다. 꼬맹이나 다른 강아지들처럼 얼어죽지도 병들어 죽지도 않았다.

원기 왕성한 동아 모자의 몸에서 선천적인 강인함과 강건함이 느껴졌다. 평범한 토종개와는 다른 타카사고 개처럼, 집에서 키우는 일반 개와는 전혀 다른 셰퍼드처럼, 야외에서 오랫동안 훈련받은 들개처럼 둘에게는 그런 개들이 지닌 영리함과 기민함이 보였다.

다만 감자에게는 아직 예전의 어린 아이 같은 면이 남아 있어서 먹을 수 있어 보이면 아무거나 막 물어뜯는 걸 좋아한다. 그럼에도 감자는 이제는 언제든 어미 곁을 떠나도 되는 나이가 되었다. 어떤 개도 감자를 함부로 괴롭히지 못했다.

올가미를 벗고 좀 살맛이 났는지 삼겹이가 살이 붙었다. 앞다리도 더 튼실해졌다. 여전히 혼자 다니지만 가끔 무화과, 청어와 만나기도 한다. 무화과와 청어는 지나가는 사람이 다정하게 대해 주기만 하면, 다가가서 같이 장난을 치고 안기고 싶어 한다. 쓰다듬고 긁어 주길 바란다. 이런 순진무구한 행동이 사실 들개에게는 상당히 치명적이다. 녀석들은 이미 더 큰 죽음의 그림자 안에 들어가 있었다.

📝 151일째(6월)

쓰레기장에서 콩나물을 본 지 오래되었다. 낚시터 주인이 어디다 보내 버렸다는 얘기가 들려왔다. 어쩌면 콩나물의 피부병이 다시 재발했는데 낫지 않자 어디 먼 산에 갖다 버렸을지도 모른다.

최근 근처 아파트에 검은색 개 한 마리가 등장했다. 집에서 키우는 개인데 매일 해질 무렵이면 바람을 쐬러 나온다. 무화과, 청어와 같이 어울려 노는 때가 많다. 이 둘이 정신없이 놀기 시작하면 종종 자기가 들개라는 것도 잊고 이 동네를 바삐 지나가는 차량이나 오토바이를 쫓아가며 짖어 대곤 한다. 그러다 보니 아이들이 이 둘에게 물리기라도 할까 봐 걱정하면서 불만을 표하는 아파트 주민들이 나타나기 시작했다. 한 번은 아예 주민이 달려 나와 이 둘을 뒤쫓아 다니며 때리기도 했다. 그 와중에 무화과의 배가 눈에 띄게 불러 왔다.

🗒 155일째(6월)

무더운 여름, 동아와 감자는 버려진 가구가 쌓여 있는 곳에 터를 잡았다. 감자는 늘 혼자 수풀 안에서 장난을 치며 논다. 이제 2개월만 더 지나면 녀석은 수캐 성견이 된다. 감자가 암캐였으면 곧 임신이 가능한 나이가 되는 것이다. 사람으로 치면 청소년처럼 한창 자랄 때이다 보니 눈빛에서 이전보다 배고픔이 더 자주 느껴졌다. 툭하면 사람들이 먹다 버린 음식물을 찾아 아파트 뒤편 수풀로 들어갔다.

요즘은 나비를 봐도 귀찮아서 상대도 하지 않고, 가끔 고양이가 나타나거나 지나가도 신경 쓰지 않는다. 오히려 고양이가 멀리서 감자를 보면 피해 가는 상황이다.

📓 165일째(6월)

　　　　　　　무화과의 출산이 코앞으로 다가왔다. 젖꼭지도 축 처졌다. 어쩌면 태어나서 처음 겪는 출산일지도 모르고, 아니면 버려져 들개가 된 뒤 처음 겪는 출산일지도 모른다. 암캐가 아무 경험도 없는 상태에서 낳은 새끼가 살아남을 수 있을까? 무화과와 청어에게는 쓰레기장이 자기들 영역이라 사람이 근처에 접근하기라도 하면 짖어 대며 위협을 가한다. 농부 아저씨와 쓰레기 줍는 어르신만 예외이다.

　무서운 건 최근 환경보호국에서 동네마다 붙여 놓은 안내문이다. 최근 유기견 추격대가 불시에 나타나 개를 잡고 있으니 개를 키우는 가정에서는 가능한 한 개를 집에 두라는 내용이었다.

　아직 살아 있는 들개에게 이것은 생존 기회를 아예 뺏으려는 도시 사냥 게임이나 마찬가지였다. 개들은 쏴 죽어야 할 사냥감이고 이 사냥 게임의 영원한 패자이다. 삼겹이도 무화과와 청어도 모두 이 게임의 사냥감이 되리라는 건 의심할 여지가 없다.

　사람들이 개를 혐오해서 잡아 죽이는 것일까? 이것이 성립할 수 없는 논리라는 건 조금만 깊이 생각해 보면 알 수 있다. 사람들은 그저 도시의 청결과 안전을 위해 개를 때려잡으면 이 모든 것이 해결된다는 논리를 만들어 냈다. 하지만 들개는 결코 우리를 심각하게 위협하지 않는다. 인류의 생존에 심각한 위협을 가하는 존재가 아니다.

들개의 처지에서 생각해 보자. 그들은 절대 야생에서 오지 않았다. 인류가 사는 세상은 사실 그들의 세상이기도 하다. 야생의 형태로 살았던 것이 아니라 오히려 도시에서 사람에게 버림받아 어쩔 수 없이 막다른 길에 이른 것이다. 안타깝게도 사람들은 동물의 도시 생존권을 인정하지 않은 채, 계속해서 그들을 죽이고 있다.

174일째(7월)

대형 태풍이 지나간 이른 아침 감자가 공터에서 어슬렁거렸다. 어젯밤 감자와 동아는 초등학교 운동장에서 이리로 다시 이동해 왔다. 알고 보니 학교 운동장의 공사용 담장이 강풍에 쓰러졌다고 한다. 동아와 감자는 버려진 나무판 더미 틈 사이로 들어가 비를 피했다. 그러다가 먹이를 찾아 나간 감자가 찾아낸 먹이를 한 입에 삼키더니 엄마에게 돌아왔다. 얼마 지나지 않아 또라이깜보와 단백질도 이곳에 도착했다. 감자가 둘을 향해 짖는 모습을 보니 꼭 이렇게 말하는 것 같았다. "여긴 우리가 먼저 찾아왔다고요." 하지만 또라이깜보와 단백질은 감자는 거들떠보지도 않은 채 한쪽에 자리를 잡고 앉아 비를 피했다.

새롭게 탄생한 이 단짝 팀은 여전히 여기저기 사방을 돌아다닌다. 단백질은 이곳저곳 돌아보고 다니는 재미를 회복한 듯하고, 또라이깜보는 그뒤를 쫓아다닌다. 꼭 애처가 남편이 쇼핑 좋아하는 아내를 매일같이 졸졸 따라다니면서 쇼핑에는 아무 관심을 보이지 않는 모양새이다. 이미 또라이깜보는 싸돌아다니면서 너무 많이 봐서 그런 것인지도 모르지만.

단백질이 가장 좋아하는 곳은 101번지 골목길 안에 자리하고 있는 몇몇 식당들이다. 그쪽 여러 사장님들이 오토바이 가게에 살던 녀석을 알아보는데다가 가끔 음식도 남겨 놨다 주었다. 요즘 들어 거기 갈 때 단백질은 항상 꼬리를 흔들며 간다. 지금 이 순간 가장 행복한 개는 바로 나라고 온 세상을 향해 외치는 것만 같다.

이럴 때면 또라이깜보는 늘 맞은편 인도에서 기다리고 있다. 둘은 서로에게 충실한, 지조 있는 한 쌍이다. 아마 앞으로 단백질이 발정기에 접어들더라도 다른 개들이 또라이깜보 품에서 단백질을 뺏어가기는 쉽지 않을 것이다. 개 전문가나 동물학자들은 대부분 이런 의견에 코웃음을 치겠지만 나는 꽤 많은 개들이 이런 행동 특성을 보인다고 믿는다. 파트너와 긴밀하고 친밀한 관계를 유지하는 모습이 들개에게서 나타나는 건 다음 대에 자신의 새끼가 태어날 기회를 확보하기 위해서이다. 우리가 알고 있듯 암캐가 발정이 나면 수캐들이 몰려들어 암캐 주위를 맴돌면서 자신을 선택해 주기만을 바라는 이런 고정불변의 짝짓기 의식이 개들의 유일무이한 짝짓기 방식이 아니라는 말이다.

📓 184일째 (7월)

　　　　무화과는 계속 쓰레기장에 모습을 드러내고 있다. 출산을 해서 부른 배가 홀쭉해졌지만 젖꼭지는 여전히 축 처진 상태로 기운이 하나도 없어 보인다. 눈빛에서 심각하게 허기진 상태라는 것이 느껴졌다. 새끼들에게 젖을 물리고 돌보느라 육체적으로, 정신적으로 많이 지친 모습이 역력했다. 아마 경험이 없는 탓에 더러운 쓰레기장 안의 버려진 종이 상자에서 새끼들을 키우고 있을 것이다.

출산 경험이 전혀 없던 무화과가 처음 새끼를 낳고 지칠 대로 지쳐 있다(1994년 7월).

요즘 청어는 삼겹이와 함께 더위를 피할 요량으로 자주 수풀 속으로 숨어든다.

📓 189일째(7월)

웬일로 무화과가 청어, 삼겹이와 함께 흙구덩이에서 더위를 피하고 있다. 쓰레기장 참억새 덤불에서 강아지들의 울음소리가 똑똑히 들려오는데도 엄마인 무화과는 흙구덩이에 그대로 누워 있다.

참억새 덤불 안에 잠들어 있는 강아지가 못해도 네 마리였다. 그중 까만색 새끼는 계속 꿈틀거리고 있었다. 강아지들이 잠들어 있는 곳은 어둡고 축축한 데다 밖에서는 잘 보이지 않았다. 더위는 피할 수 있을지 몰라도 모기와 파리를 막을 수도 없고, 질병의 감염으로부터 안전한 곳도 아니었다.

어린 강아지들은 무화과가 낳은 새끼들인데 무화과는 왜 가서 새끼를 돌보지 않는 걸까? 새끼들이 병에 걸리기라도 한 걸까? 초보 엄마라서 어떻게 먹이고 키워야 하는지 몰라서 그런 걸까? 새끼들에게 무슨 문제라도 생겼나? 무화과는 지칠 대로 지친 모습으로 누워 있었다. 아무것도 하기 싫은 것 같았고, 이 상황을 되돌릴 기력조차 없는 것 같았다.

192일째(7월)

무화과의 새끼들이 하나, 둘 죽어 가고 있다.

194일째(7월)

어제 산기슭에서 강아지 한 마리가 힘 있게 울어 대는 소리가 들려왔다. 검은색과 흰색이 얼룩진 통통한 강아지였다. 오늘도 청어와 무화과는 여전히 이곳에서 멀지 않은 숲 흙구덩이에서 쉬고 있었다. 강아지는 벌써 털이 좀 자랐다. 하지만 오늘 들은 울음소리가 이 녀석의 마지막 울음소리였다.

어디서 왔는지 알 수 없는 커다란 누렁이 한 마리가 쓰레기장에 나타나더니 청어 등에 올라타려 했다. 하지만 청어는 녀석과 짝짓기를 하기 싫은 기색이 역력했다. 누렁이가 등에 올라탈 때마다 옆으로 누워 버렸고, 네 다리를 버둥거리며 저항했다. 누렁이도 흥미가 사라졌는지 얼마 못 가 자리를 떴다. 어쨌든 청어가 발정기에 접어든 것이 분명했다.

청어는 소변을 볼 때 일부러 뒷다리를 반만 접고 그중 한 발을 든다. 그 자세로 소변을 전봇대와 커다란 나무, 기둥 위에 뿌린다. 소변 냄새가 더 멀리 퍼지게 하려는 것이다. 이 전략이 어느 정도 먹혔는지 모르지만 얼마 지나지 않아 개 몇 마리가 냄새를 맡고 몰려왔다. 녀석들은 여기서 다시 어리석기 그지없는 짝짓기 의식에 돌입했다. 어찌 보면 사람들이 여는 파티와 닮았다.

이에 비하면 서로 아끼고 사랑하는 또라이깜보와 단백질의 모습은 상당히 특수한 사례임에 분명하다. 집개들 사이에서는 이렇게 긴밀한 배우자 관계를 흔히 찾아볼 수 있지만 들개에게서 보게 되니 곰곰이 생각해 보게 된다. 더군다나 이는 들개의 생존 원리에도 부합되지 않는다.

많은 들개는 패거리라도 지은 듯 서너 마리씩 무리를 지어 다닌다. 무리를 지어 한 구역을 접수하고, 그 안과 경계 지역 여기저기를 돌아다니며 지낸다. 스스로 자신의 삶을 꾸려 나가고 그 가운데 다른 친구들로부터 돌봄을 받기도 하고, 또 그들과 협력하기도 하면서 안전하게 하루하루를 보낸다.

📝 211일째(8월)

동아와 감자는 요즘 줄곧 초등학교 운동장에서 지내고 있다. 며칠 전 이른 아침, 한 인부가 학교 운동장을 둘러보고 갔다. 덤불 속에 있다가 깜짝 놀란 동아와 감자는 태풍이 지나간 뒤 생긴 물웅덩이를 용감하게 넘어갔다. 다시 덤불 속으로 들어가지

새끼들이 모두 죽은 뒤 괴로워하며 좌절에 빠진 무화과(1994년 8월).

않고 물웅덩이를 용감하게 넘어가는 그 모습이 아프리카 초원의 용감한 땅늑대 두 마리 같았다. 감자는 엄마보다 체격이 커진 지 이미 오래이다.

무화과는 좌절과 실의에 빠진 기색이 역력했다. 누구라도 간이 차고 옆을 지나가는 사람이 보이면 배를 깔고 위를 바라보면서 몸을 쓰다듬고 긁어 주기를 바랐다. 이렇게라도 새끼들을 잃고 느낀 좌절을 잊고 싶은 듯했다.

📝 238일째(9월)

감자가 멀리 풀밭에 엎드려 무언가를 뚫어지게 바라봤다. 동아는 학교 운동장에 서서 물고 온 뼈다귀를 몇 차례에 나눠 다 먹어 치웠다. 식탐은 발정기가 다시 찾아왔다는 징조이다.

📝 240일째(9월)

놀랍게도 콩나물이 나타났다. 알고 보니 피부병을 앓았던 게 아니라 새끼를 배서 낚시터에서 칩거하고 있다가 얼마 전에 새끼를 낳은 것이다. 그중 몇 마리가 다른 곳에 보내져서 그뒤로 한동안 실의에 빠져 넋을 놓고 지낸 것이다. 최근 체력도 좋아지고 기분도 괜찮아지면서 겨우 밖에 나왔는데 그런 콩나물 눈에 다른 개들이 하나도 보이지 않았다. 골목길 전체가 쥐죽은 듯 조용했다.

처음으로 뒷동산을 넘어 공터에 가 보니 거기 개 한 무리가 보였다. 신이 난 콩나물이 달려가서 보니 거기 있던 개 예닐곱 마리가 다 처음 보는 얼굴이었다. 아는 얼굴은 앞에서 걷고 있는 동아와 더 앞에서 빈둥거리며 돌아다니는 감자뿐이다.

아니나 다를까 동아가 정말로 발정기에 접어들었다. 나머지 예닐곱 마리 개들이 동아 엉덩이에 붙어 쫓아다니고 있었는데 어찌해야 할 바를 모르고 엉망진창으로 쫓아다니는 모양새였다. 동아가 자기들 중 하나를 받아 주기를, 자기들과 짝짓기를 해 주기를 바라면서 말이다. 그중 몸이 가장 큰 검은색 개가 제일 바짝 붙어 동아의 뒤를 쫓았고, 꼬리를 수시로 꼿꼿하게 높게 세웠다. 녀석이 나머지 개들 사이에서 어떤 지위를 누리고 있는지 알 만했다. 하지만 이런 상황에서는 암캐 앞에서 아무리 꼬리를 높이 치켜세워 봤자 그렇게 중요한 조건은 아닌 듯하다.

지난번, 그러니까 4개월 전 동아가 발정기에 접어들었을 때 왜 임신을 못했는지 모를 일이다. 아마도 유기견 추격대가 끼어들면서 기회를 놓친 게 아닌가 싶다.

유기견 추격대가 들개들을 마구 잡아가고 있지만 유기견 개체 수는

한동안 행방이 묘연했던 콩나물이 임신한 모습(1994년 8월).

뚜렷하게 줄지 않고 있다. 이 골목 전체에 남은 들개들이 계속해서 살아가고 있고, 새롭게 태어난 강아지들도 적지 않다. 게다가 이런저런 사연으로 버려진 개들도 계속 나타나고 있었다.

📓 242일째(9월)

　　　　　오늘 오후, 동아와 감자는 계속 공터에 머물러 있다. 이번에 따라붙은 수캐는 딱 한 마리뿐이었다. 101번지 골목길에서 가장 살찌고 건장한 회색 개로 덩치라는 별칭으로 불린다. 말썽꾸러기 푸르미가 이 골목에서 가장 꺼리는 녀석이기도 하다. 로트와일러 혈통을 이어받은 덩치가 동아 뒤꽁무니를 바짝 뒤쫓았다. 감자는 수시로 엄마에게서 떨어져서 덤불 속에서 먹이를 찾아 먹었다.

　동아는 앞뒤 가리지 않고 달려드는 덩치를 어떻게 감당해야 할지 모르는 듯했다. 아니면 덩치의 위협에 따라야 하는 상황이 올까 봐 두려운 것인지도 모른다. 동아는 엎드려서 감자가 먹이를 다 먹고 돌아오기를 기다렸다가 같이 뒷동산으로 돌아갔다. 덩치는 체격이 동아의 네다섯 배는 되는데 도대체 어떻게 동아와 짝짓기를 하려는 걸까? 어쨌거나 덩치의 출현으로 다른 수캐들이 더는 동아에게 접근하지 못했고, 그 바람에 거구와 난쟁이 사이의 익살맞은 배우자 찾기 장면이 연출되었다.

　식탐 많은 감자 성격은 여전하다. 뭐든 다 먹었다. 곰팡이 핀 빵, 냄새 나는 국수, 버려진 지 오래되어 딱딱해진 빵 등 가리지 않고 다 맛있게 먹었다. 딱히 먹을 게 없다 보니 어려서부터 그냥 눈에 보이는 것만 있으면 먹어 치웠던 버릇과 관련이 있을 것이다. 식탐으로만 본다면 엄마인 동아도 못 따라갈 정도이다. 하지만 거리에서 태어난 게 아니라 버려진 개들은 사람이 버린 음식물에 큰 흥미를 보이지 않을 때도 있다.

요즘 감자는 혼자 뒷동산에서 나와 순식간에 골목길 입구까지 가서 먹이를 찾은 다음 돌아온다. 엄마 동아가 발정기에 접어든 후, 감자의 외로움은 더해진 듯하다. 늘 혼자 지낸다. 동아가 새끼를 낳기라도 하면 감자는 어디로 가게 될까?

📓 245일째(9월)

암캐가 발정기에 접어들면 적어도 일주일은 간다. 그 며칠 동안 인근에 사는 수캐들은 밥도 못 먹고 잠도 못 자고 사는 게 말이 아니다. 초등학교 운동장에 머무는 동아 모자 옆에 수캐 세 마리가 둘을 모시듯 딱 붙어 있다. 아직 목적을 달성하지 못한 덩치를 제외하면 나머지 두 마리는 어디서 왔는지 모르겠는데, 덩치를 거의 신경도 쓰지 않는 것 같았다. 나중에 산에 올라갔더니 털이 북슬북슬 난 또 다른 수캐가 나타났다. 바로 덩치의 숙적, 푸르미이다.

동아가 발정기에 접어들자 평상시 수캐들 사이에 존재했던 대립과 위협이 저절로 사르르 풀려 버린 것 같다. 다들 동아에게 접근하는 데 정신이 팔려 또 다른 게임이 시작되었다. 짝짓기 경쟁에서 꼭 강하고 위풍당당한 외모의 수캐가 암캐의 호감을 사는 건 아니다. 암캐의 선택은 종종 우리의 예측을 벗어난다. 이럴 때는 푸르미도 덩치도 자신감을 내세울 수 없다. 100퍼센트 선택받으리라는 확신이 없는 것이다. 이리저리 돌아다니며 이루어지는 들개들의 짝짓기 의식 중 절대적인 자신감을 보이는 수캐는 단 한 마리도 없다.

동아와 감자의 피부병은 이미 오래전에 완쾌되었다. 지금은 둘 다 피부가 빛이 나고 참 예쁘다. 특히 동아는 발정기에 접어든 까닭인지 머리끝부터 발끝까지 털이 부드럽고 윤기가 난다. 지금 이 모습만 봐서는 녀석이 전에 피부병을 앓았고, 늘 짓무른 상처를 온몸에 달고 살았으며, 몸 여기저기에 피딱지가 가득했다는 걸 상상하기 힘들 정도이다.

동아 모자가 골목길 끄트머리로 먹이를 구하러 가는데 그뒤를 다른 들개들이 뒤쫓았다. 녀석들은 대부분의 시간 동안 먹이를 찾아 먹는 동아 모자를 주의 깊게 지켜봤다.

이때 오랫동안 얼굴을 드러내지 않았던 무화과가 나타나서는 기분 좋게 꼬리를 흔들며 지나가는 사람 주변을 맴돌았다. 그런데 그때 덤불 속에서 강아지의 울음소리가 들려왔다. 울음소리를 들은 무화과가 곧바로 그 덤불 속을 뚫고 들어갔다. 그곳에 강아지들이 모여 있었다. 바로 얼마 전에 새끼 네 마리를 잃은 녀석이 어떻게 또 새끼를 밸 수 있었던 걸까? 사실, 이 녀석들은 무화과가 아닌 청어의 새끼들이다.

무화과는 청어를 도와 새끼를 돌봐 주고 있었다. 지금은 둘 다 전보다 새끼 키우는 방법을 좀 깨우친 듯하다. 나중에 무화과는 뒷동산 비탈로 돌아가 쉬었지만, 청어는 먹이를 찾아 쓰레기장을 돌아다녔다.

무화과보다 성격이 강한 청어도 새끼를 낳았다(1994년 9월).

쓰레기장을 떠날 때도 곧바로 새끼들의 보금자리로 돌아가지 않고, 작게 몇 바퀴를 더 돌고 난 다음에야 방금 무화과가 들어갔던 덤불 속을 뚫고 들어갔다. 그곳에 새끼 다섯 마리가 있었다.

무화과(왼쪽)가 새끼들에게 젖을 먹이는 청어를 하염없이 바라보고 있다. 부러운 표정으로 옆에서 바라보는 무화과(1994년 9월).

아마도 죽은 새끼들이 떠올랐나 보다. 무화과(왼쪽)는 슬픈 표정을 감추지 못한다(1994년 9월).

새끼 한 마리가 무화과(왼쪽)에게 다가갔다. 청어도 이를 못마땅해하지 않고, 무화과가 새끼를 잃은 슬픔에서 벗어날 수 있도록 해 주었다(1994년 9월).

무화과(왼쪽)가 결국 청어에게서 새끼 한 마리를 '입양'하면서 또 다른 모성애를 보여 주었다(1994년 9월).

📓 246일째(9월)

　　　　　무화과는 내내 뒷동산 입구 수풀에 엎드려 있었다. 녀석의 배 쪽에 다갈색 강아지 한 마리가 포근히 안겨 있었고, 옆에는 검은색 강아지 두 마리가 단잠에 빠져 있었다. 농부 아저씨가 가까이 다가가도 녀석은 무서워하지 않았고, 위협을 느끼지도 않았다. 무화과는 몸을 일으켜 농부 아저씨 옆으로 다가가더니 곧바로 몸을 뒤집으며 드러누웠다. 배를 위쪽으로 내보인 채, 농부 아저씨가 쓰다듬고 긁어 주길 바라는 모습을 보니 버려지기 전에 오랫동안 사람의 애정 어린 손길을 받으며 살았던 듯했다. 새끼를 키운다는 게 참으로 책임이 막중한 일인데도, 그 와중에 여전히 이렇게 사랑해 달라고 떼를 쓰는 걸 보면 분명히 그럴 것이다. 그 주인은 왜 이 녀석들을 버렸을까? 왜 두 녀석이 영문도 모른 채 길거리를 떠돌게 만들었을까?

　무화과는 농부 아저씨가 텃밭 정리를 마칠 때까지 줄곧 농부 아저씨를 따라다니며 애교를 부렸다. 뒷동산으로 돌아와서도 새끼들 곁으로 가지 않았다. 그사이 새끼 다섯 마리는 덤불 속에서 제멋대로 발버둥 치고 있었다. 한참 시간이 지나고 나서야 무화과가 몸을 일으켜 새끼들 앞으로 갔다. 그중 세 마리를 입으로 물어 한곳에 옮겨 놓고 핥아 주더니 곧바로 자리를 떠나 옆에 있던 수풀 안에 들어가 엎드려 누워 버렸다. 이때 청어가 나타났다. 녀석은 새끼 세 마리가 있는 곳으로 재빨리 다가가 둘러보더니 곧장 날카로운 하얀 이빨을 드러내며 무화과를 향해 낮게 짖어 댔다. 아주 언짢은 모양이었다. 꼭 이렇게 말하는 것 같았다. "이런 식으로 애 보는 거, 난 싫어."

무화과의 행동은 새끼를 잃은 무화과의 모성이 청어의 새끼 세 마리에게로 옮겨 갔음을 보여 준다. 어쩌면 무화과와 청어는 혈연관계일지도 모르겠다. 청어는 계속해서 짖어 댔고, 몇 번이나 낮게 울부짖었다. 청어의 반응에도 무화과는 제 고집을 꺾지 않았다. 무화과는 한사코 버티면서 움직일 생각을 하지 않았고, 아예 눌러앉아 휴식을 취했다. 줄곧 옆에 있던 삼겹이는 흙구덩이 위에서 쉬기만 할 뿐 청어와 무화과 사이에 벌어지는 일에는 신경도 쓰지 않았다.

📓 247일째(9월)

청어의 새끼들은 여기저기에서 꼬물거리고 있었다. 청어는 낯선 사람이 가까이 다가오면 사납게 굴지만 새끼들은 자유롭게 움직이게 내버려 두었다. 그중 한 마리가 제멋대로 여기저기 들이파다가 산기슭 덤불에서 멀어졌는데 주변에 아무도 없자 울기 시작했다. 마침 청어는 쓰레기장으로 먹이를 구하러 간 참이었다. 상황을 알아챈 무화과가 혼자 울고 있는 새끼 옆으로 가서 위로해 주더니 새끼가 산 아래로 굴러 떨어지지 않도록 원래 위치로 데려다 놓았다. 그러고는 산기슭으로 가서 다른 새끼 두 마리에게 젖을 물렸다.

둘은 꼴깍꼴깍 젖을 빨았고, 나머지 둘은 그 옆에서 단잠에 빠졌다. 무화과가 친엄마인 청어보다 더 부지런히 새끼들을 돌봤다. 새끼들 근처를 떠나는 경우도 거의 없었다. 새끼들이 정말 행복해 보인다. 두 엄마가 곁에서 함께 돌봐 주니 말이다.

✎ 248일째(9월)

　　　　농부 아저씨가 무화과와 청어 몸보신을 시켜 줄 요량으로 생선 통조림 두 통을 사왔다. 아저씨가 뒷동산 입구에 도착해서 휘파람을 한 번 불자 청어와 무화과가 뛰어나왔다. 농부 아저씨가 통조림을 따 주니 녀석들이 번개같이 달려들어 안에 있던 생선살을 깨끗이 먹어 치웠다. 대부분은 청어 입속으로 들어갔고, 무화과는 청어가 먹기를 기다렸다가 나중에야 먹기 시작했다. 청어에게 양보한 것이다. 배를 채운 청어는 산기슭 덤불로 돌아가 만족스럽게 휴식을 취했다.

농부 아저씨를 먼저 본 녀석은 삼겹이였지만 녀석은 벌써 한참 전에 신경질을 부리며 자리를 떠났다. 생선 통조림에도 관심을 보이지 않았다. 삼겹이는 이제 사람이라면 그게 누구든 아무도 믿지 못하게 된 것이다.

청어의 새끼는 모두 뒷동산 입구 근처에 있는데 그중 한 마리가 아예 길 한가운데 누워 있었다. 저러다가 차라도 지나가면 큰일날 판이다. 청어와 무화과가 사람을 너무 믿으니 그 점이 가장 큰 걱정거리이다. 동아였으면 절대 저렇게 놔 두지 않았을 텐데. 농부 아저씨가 길 한가운데 누워 있는 새끼를 들어다가 수풀로 데려다 주었다. 생전 처음 두 엄마 이외의 낯선 사람 품에 안기게 된 새끼가 아마 많이 놀랐나 보다! 계속 아저씨 품 안으로 파고들었다. 나중에 급히 찾아온 청어가 수풀 속에서 젖을 물리자 새끼는 마음을 가라앉혔다. 어린 시절 감자였으면, 아마 농부 아저씨를 물어 버렸을 것이다.

✍ 250일째(9월)

　　　　어제 동아 모자가 공터를 지나갈 때 보니 꽁무니를 쫓아다니던 수캐들은 이미 사라지고 없었다. 동아의 발정기가 끝난 것이다. 밤이 되어 동아 모자가 먹이를 찾으러 골목 입구에 가보니 수캐 여러 마리가 와 있었다. 얼마 전에 동아 뒤꽁무니를 졸졸 쫓아다니며 짝짓기를 하고 싶어 안달이던 녀석도 있었다. 하지만 오늘은 아무도 서로 신경 쓰지 않았다. 다들 모르는 사이 같았다. 얼마 전까지 열정적으로 달려들던 모습은 온데간데없고 모든 게 원래대로 돌아와 각자 자기 먹이를 찾아서 먹기에 바빴다. 낮이 되자 푸르미는 늘 그렇듯 골목길 여기저기를 싸돌아다니며 계속해서 덩치의 심기를 건

9월 말, 엄마인 동아(왼쪽)보다 훨씬 더 건장해진 감자(1994년 9월).

드렸다. 하지만 이러다가도 또라이깜보와 단백질을 만나면 뭔가 좀 꺼림칙한지 상황을 파악하고는 옆으로 물러났다.

　농부 아저씨가 이번에도 사료 캔을 들고 뒷동산 기슭으로 먹이를 주러 왔다. 청어와 무화과는 아저씨가 가져온 먹이를 순식간에 먹어 치웠다. 물론 대부분 청어 입으로 들어갔고, 무화과는 이번에도 청어를 위해 물러났다. 농부 아저씨가 다 먹고 텅 빈 캔을 발로 납작하게 밟아 버렸는데도 무화과는 그걸 입에 물고 다른 데로 가서 핥아 먹었다. 그 바람에 빈 캔에서 통통 소리가 울려 퍼졌다.

　식사를 마친 청어는 길옆 수풀로 들어가 그곳에 있던 새끼 세 마리에게 젖을 물렸다. 수풀 다른 쪽에서 나머지 새끼 두 마리가 가냘프게 짖어 댔지만 청어는 신경도 쓰지 않았다. 한 택시 기사가 산기슭에 소변을 보러 올라왔다. 기사는 청어의 자리를 지나가야 하는 상황이었는데 무화과와 청어가 튀어나와 짖어 대며 기사를 쫓아 버렸다. 나중에 연못가에 와서 몸을 씻는 무화과를 보니 상당히 흥분한 상태였다. 마치 뭔가를 무찌르기라도 한 듯 물가를 전속력으로 뛰어다녔다. 와서 간섭하는 사람만 없으면 두 어미 개와 다섯 강아지에게 뒷동산은 그야말로 천국이다.

무화과가 산 아래로 내려가 보니 청어가 세 마리에게 여태 젖을 물리고 있었다. 하지만 옆에서 울어 대는 다른 두 마리는 여전히 관심 밖이었다. 무화과가 이 두 녀석을 입으로 물어 옆에 있던 수풀로 데리고 들어가더니 젖을 물리기 시작했다. 잠시 후 청어가 상황을 살펴보러 무화과 쪽으로 갔다. 마치 무화과가 제 역할을 다 하고 있는지 지켜보러 간 것 같았다. 그러다가 다시 새끼들이 있는 곳으로 돌아왔는데 두 마리밖에 없었다. 이유는 알 수 없지만 한 마리가 사라졌다.

📓 251일째(9월)

농부 아저씨가 또 사료 캔을 들고 산 입구로 찾아와 청어와 무화과의 먹이를 챙겼다. 그런데 먼저 뛰어 나온 청어가 혼자서 캔을 싹 비워 버리는 바람에 무화과가 먹으러 왔을 때에는 빈 캔뿐이었다. 무화과는 늘 그렇듯 아쉬운 마음을 달래며 빈 캔을 쉬지 않고 핥았다. 새끼 네 마리는 두 군데로 나뉘어 수풀 안에 은밀하게 숨어 있었다.

최근 콩나물이 다시 골목길에 출몰했다. 하지만 여전히 넋이 나간 모습이었다. 그나마 남아 있던 새끼 두 마리마저 주인이 다른 곳에 보내 버렸기 때문이다. 젖을 물릴 새끼도 없이 혼자 남았건만 젖꼭지는 여전히 아래로 축 처져 있었다. 지금이라도 새끼에게 젖을 물릴 수 있는 상태였다. 청어의 새끼에게 가까이 다가가고 싶어 했지만 그럴 때마다 청어가 사납게 위협했다.

257일째(9월)

신문 보도에 따르면 며칠 뒤부터 열흘 동안 타이베이 시 역사상 최대 규모의 유기견 집중 포획 기간이 시작될 예정이다. 이번에는 효율성을 높이기 위해 포획 시 사용하는 도구에도 그다지 신경 쓰지 않을 생각이고, 더 이상은 인도적인 방식을 고려해서 포획하지도 않을 거란다. 예를 들어 잡은 개를 폐기물처럼 차량 안에 바로 처넣고, 철사로 묶어 두는 식이다. 운송용 개 철장에는 마실 물도 배설 시설도 없다. 이 과정에서 놀란 개들은 분명 두려움에 떨며 고통받고 상처 입을 것이다.

3장
101번지 골목길에
찾아온 마지막 순간

📔 258일째(10월)

젖꼭지가 이미 마르고 딱딱해진 데다가 작아진 걸 보니 무화과의 모유 수유기가 끝났음이 분명하다. 청어의 젖꼭지는 아직 분홍색을 띠고 있고, 아래로 축 늘어져 있다. 이는 수유기가 계속 이어지고 있음을 보여 주는 흔적이다. 청어는 상당히 피곤해 보이고 정신이 없어 보인다.

보통 새끼를 출산한 암캐는 몸이 상당히 약해진다. 모유 수유와 새끼 돌보는 일만으로도 체력이 소진되어 멀리 나가는 것도 힘들어진다. 그럼에도 동아는 가까운 쓰레기장으로 먹이를 찾으러 가면서도 새끼들의 보금자리만큼은 어느 정도 떨어진 곳에 마련한다. 그게 어미는 힘들어도 새끼들은 안전하기 때문이다.

하지만 청어는 아마도 난생 처음 들개가 되어 출산까지 한 상황이라 새끼를 돌봐 본 경험이 부족하다 보니 힘에 부쳐 하는 기색이 역력하다. 무화과도 마찬가지이다. 농부 아저씨가 사료 캔도 가져다주고, 청어와 함께 쓰레기장 옆 산기슭을 택해 새끼들을 기르면서 젖을 물렸음에도 모유 수유 기간 동안 무화과와 새끼 모두 영양을 충분히 보충하지 못한 듯 보였다.

네 마리 강아지는 벌써 눈도 뜨고, 좀 힘들기는 해도 네 다리로 일어나서 기어 다닐 정도로 자랐다. 낯선 사람이 가까이 다가가면 나지막한 소리로 옹알옹알 짖어 대기도 한다.

농부 아저씨가 산으로 향하는 작은 오솔길에서 동물의 사체를 발견했다. 머리는 이미 사라지고 없는 상태였고, 털도 뒤쪽에 조금 남아 있는 게 전부였다고 한다. 강아지의 사체였다. 아마 며칠 전에 실종된 청어의 새끼일 것이다.

📝 260일째(10월)

강아지들이 이제는 덤불 속 보금자리에서 기어 나오기도 하고, 다시 아장아장 기어서 돌아가 휴식을 취하기도 한다. 다들 눈을 뜨면 반짝반짝 빛이 난다.

그런데 무화과가 보이지 않는다. 삼겹이도 보이지 않는다. 둘이 같이 사라져 버렸다. 아마도 무화과가 더는 젖이 나오지 않자 새끼 양육에 관해 본인이 할 수 있는 일이 없음을 깨닫고 아예 삼겹이와 같이 보내기로 한 모양이다.

청어는 여전히 피곤한 눈빛으로 멀리 새끼들을 응시하며, 간이 차고에서 쉬고 있다.

📝 265일째(10월)

　　　　　태풍 세스가 지나간 어제 근처에 사는 주민이 먹다 남은 음식물을 뒷동산 산기슭에 가져다 버렸다. 청어와 무화과가 모두 먹이를 찾으러 몰려가자 삼겹이도 무슨 일이 일어난 줄 알고, 흥분해서 달려 나갔다. 그런데 사람을 본 삼겹이는 유기견 추격대라도 본 듯 깜짝 놀라더니 꼬리를 다리 사이에 끼우고는 허둥지둥 산 위로 도망쳐 버렸다.

자기를 보고 갑자기 도망치는 삼겹이에 놀란 나머지 주민도 화를 내면서 옆에 있던 나무토막을 삼겹이를 향해 있는 힘껏 던졌다. 그런데 그 나무토막에 철못이 박혀 있었던 모양이다. 불행하게도 나무토막이 그만 삼겹이의 몸에 적중하고 말았다. 산속에서 삼겹이의 비참한 울부짖음 소리가 들려왔다.

놀란 청어가 새끼 넷을 데리고 참억새 수풀 속으로 숨어들었다. 새끼들은 이제 가까스로 움직일 수 있는 정도가 되었지만 아직 사는 곳에서 멀리 떨어진 곳까지 가 볼 엄두는 내지 못한다. 엄마를 따라다니며 멋대로 돌아다니는 짓도 하지 않는다. 엄마가 자리를 떠도 새끼들은 원래 있던 곳에 그대로 머물러 있다. 움직여 봤자 구덩이 입구에서 장난치는 정도이다. 이는 〈내셔널지오그래픽 매거진〉의 영상 다큐멘터리에서 본 어린 땅늑대의 행동과 비슷하다. 위험이 닥치면 얼른 덤불 속으로 숨어든다.

동아와 감자는 공터에 머물다가 산으로 올라간다. 이틀 연속 이러고 있는데 그러면서도 쓰레기장으로는 가지 않는다. 무화과와 청어가 사는 쓰레기장이 이제 동아와 감자에게는 활동 금지 구역이라도 된 듯하다. 감자는 작달막하면서도 아주 건강해 보인다. 엄마인 동아보다 더 건강하다. 어려서부터 야생 환경을 참고 견디며 자란 들개이다 보니 집에서 키우는 집개보다 더 건장하다. 게다가 어려서부터 인파를 피해 다니는 데 능했던 데다 눈앞에서 친구들이 잡혀 가는 걸 목격한 탓에 행동도 기민하다.

📝 266일째(10월)

누군가 이른 아침 공터에 와서 개 두 마리를 버리고 갔다. 철로 된 개집도 함께 버렸다. 그중 누렁이 한 마리는 생김새가 동아와 비슷하고 체형은 조금 더 컸다. 나머지 하나는 어린 갈색 강아지인데 털이 좀 지저분하다. 요 녀석이 누렁이를 계속 귀찮게 하는데 아무래도 누렁이가 엄마인 것 같다.

두 시간이 지난 뒤에도 누렁이와 갈색 강아지는 여전히 개집 근처 공터에 있었다. 개집에서 떨어지면 혹여 주인이 자신들을 찾지 못할까 봐 두려운 것 같았다. 바람이 불어 수풀이 흔들리면 얼른 개집 안으로 들어가서 기다렸다.

점심 무렵 이곳을 지나가던 환경미화원에게 누렁이가 짖어 댔다. 그러자 환경미화원은 벽돌을 들어 누렁이에게 던졌고, 벽돌에 몸이 긁힌 누렁이가 아프다며 울어 댔다. 두 녀석은 그날 밤 내내 울부짖었다. 많이 불안해 보였다. 버려졌다는 공포가 숨김없이 드러났다.

📓 272일째(10월)

청어와 무화과가 쓰레기장 옆 참억새 수풀에서 어슬렁거리고 있을 때 새끼 네 마리가 뛰어나와 두 엄마와 함께 놀았다. 그곳이 꼭 녀석들의 스위트홈 같았다. 사람이 지나가다가 쓰레기라도 버리고 가면, 그쪽으로 몰려가서 먹이를 뒤적였다. 지나가던 사람들이 강아지가 귀엽다며 가까이 다가가서 장난을 치는데, 어떤 아이 하나가 장난감 가져가듯 새끼 한 마리를 품에 안아 데려가고 말았다.

6일 전 공터에 버려진 누렁이와 강아지는 계속 배를 곯으면서도 그곳을 떠날 생각을 하지 않았다. 동아와 감자가 공터를 지나가다가 새로 등장한 버려진 개들과 여러 번 마주쳤지만 얼른 자리를 떠 버렸다. 새로 나타난 개들을 무시하는 듯했다. 가까이하고 싶지 않은 모양이다.

집에서 살다 버려진 개들은 대부분 일정 기간의 적응기를 거쳐야 기존의 들개들에게 받아들여진다. 이 기간 동안에 집개로 살던 시절의 사고방식을 버려야 한다. 다른 들개를 만나면 자신을 낮추고 가르침을 청하는 비루한 태도를 보여야 하며, 몸이 아무리 우람하고 건장한 개라도 자신의 계급을 스스로 낮출 줄 알아야 한다.

이번에 새로 등장한 두 마리 유기견이 그렇다. 만약 이 녀석들이 좀 창피하더라도 동아를 졸졸 따라다닌다면, 시간이 좀 지나면 동아 모자와 이 녀석들의 새로운 조합이 만들어질지도 모른다. 하지만 지금처럼 공터를 떠나지 않고 버티기만 하면 동네 들개들에게 불청객으로 낙인찍힐 것이다.

📓 273일째(10월)

어제 농부 아저씨가 텃밭에 갈 요량으로 뒷동산에 올라가다가 청어와 새끼들을 살펴봤는데, 오늘은 강아지가 보이지 않았다. 아저씨가 혹시나 싶어 반나절을 찾아봤지만 흔적을 찾지 못했다. 청어는 망연자실한 얼굴로 아저씨 뒤꽁무니를 졸졸 쫓아 다니면서 돌아가려고 하지 않았다. 난감했다. 아저씨는 마지막으로 남아 있던 새끼 세 마리마저 누가 데려간 거라고 생각했다.

계속 내리던 차가운 비가 그친 뒤 동아와 감자가 공터 한쪽에 자리를 잡고 누워 편안하게 햇볕을 쬐었다. 다른 한쪽은 얼마 전에 버려져 사방팔방을 두리번거리며 다니는 어리석은 두 녀석이 차지하고 있다. 동아 모자에 비하면 녀석들은 굼뜨고 아둔하다. 자기 자신을 돌볼 줄도 몰라서, 털도 금세 지저분하기 짝이 없게 되었다.

감자의 털은 이제 부드럽고 빛이 나면서 야성의 아름다움이 가득하다. 집에서 키우는 개는 갖기 어려운 자연스러운 빛깔과 광택이다. 지금의 감자를 보면 반년 전만 해도 심각한 피부병에 시달리며 귀까지 짓무른 채 망연자실한 눈빛으로 바라보던 강아지의 모습은 상상도 할 수 없다.

늦은 밤의 달빛이 감자와 동아의 윤기 나는 피부를 비추자 아름다운 곡선이 더 도드라졌다. 101번지 골목길에서 이 둘이 가장 멋진 들개라는 말이 절대 과언이 아니다. 하지만 동아는 눈에 띌 정도로 배에 살이 붙었고, 젖꼭지도 커졌다.

반면 버려진 개 두 마리는 쥐라도 뛰어가면 심하게 놀라 잠도 제대로 자지 못하는 것 같다.

283일째(10월)

　　　　　농부 아저씨를 따라 뒷동산을 넘은 무화과와 청어가 아저씨의 텃밭 앞에 엎드려 휴식을 취하고 있다. 새끼가 있으면 이렇게 멀리까지 가지 않았을 것이다. 청어와 무화과가 새끼들을 아랑곳하지 않고 자기를 따라온 걸 본 농부 아저씨는 누군가가 새끼들을 데려갔을 가능성이 높다고 생각했다. 청어의 젖꼭지 중에 아직 분홍색을 띠며 아래로 축 늘어져 있는 하나를 빼고는 모두 이미 다 말라붙어 홀쭉했다. 더는 어미젖을 빠는 새끼가 없기 때문이다.

　그런데 산에서 내려가던 농부 아저씨 귀에 산비탈 어디선가 강아지 울음소리가 들려왔다. 소리를 따라 급히 발걸음을 옮기는 아저씨 뒤로 청어가 따라붙었다. 놀랍게도 그곳에 갈색 강아지 한 마리가 있었다. 어쩐지 아직 분홍색을 띤 젖꼭지 하나가 축 늘어져 있더라니. 강아지는 청어에게 기댄 채 긴장한 모습으로 아저씨를 바라봤다. 다른 녀석들은? 아저씨가 사방을 살펴봤지만 더 이상은 찾지 못했다.

　나머지는 며칠 동안 사람들이 하나, 둘 데려갔을 거라는 게 지금으로서는 가장 가능성이 높은 가설이다. 아마 데려간 사람이 그래도 마지막 한 마리는 어미에게 남겨 줘야 한다고 생각했을지도 모른다. 그래야 어미가 덜 상심할 테니까!

　청어 입장에서는 두려웠을 것이다. 그래서 마지막 남은 한 마리를 데리고 산비탈로 숨어든 것일까?

　누군가의 품에 안겨 떠난 새끼들이 그나마 좋은 사람을 만난 거라면, 그 사람들이 잘 키워 주기만 한다면 그것도 괜찮겠지. 어차피 어미와 함께 산다고 해도 살아갈 모습이 너무 빤하니 말이다. 아무 때나 잡혀가고 죽임을 당해야 하는 운명에 맞닥뜨려야 할 테니까.

청어의 마지막 남은 새끼에게 네찌라는 이름을 붙여 주었다. 사람들이 데려간 삼형제에게는 어쩌면 네찌보다 더 행복한 미래가 기다리고 있을 것이다. 하지만 이 녀석도 이곳 뒷동산에서 두 엄마와 함께 행복하게 살아갈 수 있을지도 모른다. 남은 새끼가 한 마리뿐이니 청어도 상대적으로 훨씬 더 성심성의껏 새끼를 돌보며 좀 편하게 살 수 있을 테니까.

📓 288일째(10월)

서로 다른 엄마가 키운 새끼는 자연스레 성격도 달라진다. 청어는 동아처럼 기민하지도 않고, 쉽게 의심하는 성격도 아니다. 그러다 보니 청어의 새끼인 네찌 역시 감자 같은 경계심이 없는 것 같다. 녀석에게서는 아직 집에서 키운 강아지 같은 장난스러움이 보인다. 쓰레기장에 음식물이 부족하지도 않고, 청어가 그동안 먹은 농부 아저씨가 가져다준 통조림만도 여러 개이다 보니 네찌는 몸이 그나마 통통하고 건장했다. 하지만 청어와 무화과가 산에 오를 때 네찌는 그뒤를 따라갈 엄두도 내지 못한다. 한동안 더듬거리다가 겨우 따라나서는데 그마저도 반 정도 가서는 무섭기도 하고 뭔가 걱정스럽기라도 한 듯 발걸음을 멈춰 버린다. 감자와 꼬맹이가 그 나이였을 때는 공터에 가서 놀기도 하고, 먹이를 찾으러 쓰레기장도 뻔질나게 들락거렸는데 네찌는 간이 차고와 쓰레기장 사이만 오가는 정도이다. 녀석에게는 뒷동산 중턱이 유년 세계의 전부이다.

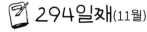 ## 294일째(11월)

　　　　　　공터에 버려진 유기견 두 마리는 아직도 함께 버려진 개집 옆을 떠나지 않고 있다. 게다가 체형이 좀 더 크고 건장한 녀석이 작은 놈을 괴롭히기까지 한다. 작은 놈이 좀 크게 움직이기라도 하면 큰 녀석이 달려들어 물어 버린다. 그러면 작은 놈은 땅에 넘어져 한바탕 울어 댄다. 툭하면 그렇게 당하면서도 큰 녀석 옆에 꼭 붙어서 떨어질 줄을 모른다. 옆 아파트에 사는 주민이 녀석들에게 먹이를 던져 주곤 하는데 딱딱한 빵을 던져 주든 썩은 과일을 던져 주든 둘이 아주 맛있게 먹어 치운다. 공터에 딱히 먹을 게 없다 보니 반 기아 상태로 보내고 있기 때문이다. 그뒤로 녀석들은 할 일이 없을 때면 이리저리 돌아다니며 아파트 창문을 올려다보곤 한다. 누가 또 음식을 던져 주지 않는지 바라보는 것이다.

📓 297일째(11월)

　　네찌가 드디어 용기를 내 보기로 했다. 위험을 무릅쓰고 산에 올라가 보고 싶은 마음이 생긴 것이다. 며칠 전 청어 뒤꽁무니를 쫓아간 네찌가 뒷동산 능선에 올라 이곳저곳을 거닐었다. 토실토실 살이 찐 녀석은 예전에 청어가 뒷동산에 나타났을 때 보여 준 것처럼 밝고 활달하다. 눈빛에 슬픔이 가득한 다른 새끼 들개들과는 다르다. 적어도 감자, 꼬맹이와는 다르다.

　한동안 능선에서 놀다 보니 위험하다는 것도 잊어버렸나 보다. 나중에 쓰레기장으로 돌아오고 나서도 계속해서 여기저기를 탐색하다 혼자 낚시터까지 갔다. 그러더니 무서워하는 기색 없이 낚시꾼들 발아래 바짝 붙었다. 콩나물이 이런 네찌에게 다가와 다정다감하게 함께 놀아 주었고, 녀석을 데리고 이곳저곳을 함께 다녀 주기도 했다. 청어는 네찌가 어디 갔는지 딱히 관심도 없는 듯했다. 사람들을 지나치게 믿으며 살아온 탓이다.

　그날 밤 쓰레기차가 들어왔다. 네찌는 위험한 줄도 모르고 신이 나 그쪽으로 달려갔고, 청어는 네찌가 자리를 떴는데도 주의를 기울이지 않았다. 그 결과 쓰레기차가 떠나고 난 자리에 네찌가 온데간데없었다. 101번지 골목길 끄트머리 뒷동산에 사는 들개들은 힘든 환경 속에서도 대대손손 자손을 남기며 살아간다. 그런데 잠시 주의를 놓으면 이렇게 작고 아름다운 희망이 참혹하게 눈앞에서 거품이 되어 사라지고 만다.

그날 밤 청어는 쓰레기장의 작은 보금자리까지 뛰어가 사방팔방을 뒤지고 다녔다. 새끼를 찾고 있는 듯했다. 아직 네찌가 그곳에 살고 있는 것처럼. 청어의 마지막 젖꼭지가 말라 굳어 버렸다.

며칠 넋을 놓았던 청어는 다시 무화과, 삼겹이와 함께 모여 새로운 삼총사가 되었다.

그 와중에 골목 입구에 있던 단백질이 발정기에 접어들었다. 냄새를 맡고 몰려든 수캐 일고여덟 마리가 온종일 단백질 뒤를 쫓아다녔다. 그럼 또라이깜보는? 녀석은 옆에서 잔뜩 긴장한 모습으로 쫓아온 수캐들을 뚫어지게 노려봤다. 다른 수캐들이 단백질 곁으로 너무 가까이 오는 게 심히 걱정스러운 모양이었다. 모양새가 딱 사랑하는 여자 친구를 곁에서 지켜보며 보호하는 남자 친구이다. 여자 친구가 변심이라도 할까 봐 두려워하면서도 그렇다고 다른 수캐들이 아예 가까이에서 얼쩡대지 못하도록 과하게 보호할 수도 없는 상황. 역마살이 끼어 여기저기 떠돌던 들개가 이렇게 가정적으로 변할 줄 누가 알았겠는가.

다른 개들이 바짝 따라붙을수록 단백질은 또라이깜보 쪽으로 더 기대섰다. 꼭 이렇게 말하는 것만 같았다. "걱정하지 마. 난 양다리 같은 건 걸치지 않아."

어떤 때는 또라이깜보가 다급히 다가오는 들개들을 막아서며 위협해서 멀리 쫓아 버리기도 했다. 다른 개들도 점차 이런 상황을 눈치채거나 또라이깜보의 작지만 건장한 체격에 기가 눌려 단백질을 강제로 어떻게 해볼 엄두를 내지 못한 채 조용히 욕심을 버리고 포기해 버렸다.

이런 발정기를 거치면서 또라이깜보와 단백질은 예전보다 더 가까워졌고 그림자처럼 붙어 다녔다. 이곳 들개들은 물론이고 101번지 골목길에 사는 주민들도 시간이 지나면서 이 두 녀석이 아주 가까운 연인 관계임을 깨닫게 되었다. 둘은 삼총사처럼 죽이 잘 맞아서 모여든 친구 사이가 아니라 서로 진실한 사랑을 나누는 연인이었다.

눈에 띄게 배가 커진 동아는 언제라도 새끼를 낳을 것 같은 상태이다. 동아는 들개들이 모여 있는 곳을 피해 골목길 귀퉁이를 따라 느린 속도로 뛰며 조용히 먹이를 찾아다녔다. 몸속의 새끼에게 먹일 젖을 축적하고 있는 것이다. 공터로 돌아오니 감자가 엎드려 있었다. 감자의 무심한 표정이 뭘 말하고 싶은 건지 정확히 알 수는 없지만 이제 엄마 동아와 함께 살 수 없음을 아는 것처럼 보였다.

📓 303일째(11월)

얼마 전 버려진 유기견 두 마리가 많이 시끄럽게 굴더니 사람들의 표적이 되었나 보다. 혹시나 후회하며 다시 돌아올지도 모르는 주인을 기다리던 두 녀석은 이른 새벽 유기견 추격대에게 잡히고 말았다. 처량한 울부짖음 소리가 다시 한 번 뒷동산에 울려 퍼졌고, 다른 개들도 그 소리를 들었다.

그런데 이 끔찍한 울부짖음 소리가 울려 퍼지는 동안 동아가 새끼를 낳았다. 또 다른 생명의 희망이 다시 한 번 불타오르듯. 감자는 산기슭의 쓰레기장으로 돌아가 새롭게 탄생한 삼총사와 함께했다. 청어와 무화과는 여전히 사람에게 엉겨붙기를 좋아한다. 꼬리를 몇 번 흔들다가 바로 옆으로 누워 쓰다듬어 달라고 조른다. 하지만 삼겹이와 감자는 낯선 사람만 보면 직감적으로 유기견 추격대인 줄 알고 산으로 내달린다. 둘은 뒷동산을 가장 안전한 도피처로 여기고 있다.

단조로운 날들이 반복되고 있다. 개의 세계에서는 시간을 어떻게 계산하는지 모르겠지만 사람으로 치면 하루가 녀석들에게는 일주일, 사람의 한 달은 녀석들에게 1년일지도 모르겠다. 그러니 지금의 감자는 어쩌면 태어나서 이미 10년이라는 기나긴 세월을 보낸 건지도 모른다.

11월, 감자는 이미 건장한 어른 수컷이 되었다. 삼겹이, 청어, 무화과로 이루어진 새로운 삼총사와 함께 늘 여기저기 돌아다닌다(1994년 11월).

📔 319일채(11월)

　　　　　동아는 역시나 뒷동산 꼭대기 근처에 보금
자리를 짓고 그 안에서 새끼를 낳았다. 그런데 이번에는 훨씬 더 은밀
한 곳을 골라 출산을 앞둔 멧돼지처럼 깊은 수풀 속으로 숨어 버렸다.
　한번은 산에서 내려온 동아를 보고 감자가 반가운 마음에 달려갔
다. 하지만 동아는 감자를 쳐다보지도 않고 곧바로 쓰레기장으로 갔
다. 아주 급히 먹이를 찾는 듯했다. 배는 아래로 축 처져 있었고, 젖꼭
지는 검게 메말라 딱딱해진 상태였다. 젖꼭지가 분홍빛과는 거리가
멀었다. 새끼 낳은 지 보름 정도 지난 시점에 젖꼭지가 이렇게 빨리
변한 걸 보면 어쩌면 새끼를 낳은 뒤 뭔가 상황이 돌변해 강아지들이
다 죽은 건지도 모르겠다. 먹이를 찾지 못한 동아는 숲 속으로 발걸음
을 재촉했고, 영리하게도 수시로 뒤를 돌아보다가 결국 산을 넘어갔
다. 감자는 뒤따라갈 엄두를 내지 못했다.

📔 332일채(12월)

　　　　　이른 아침 간이 차고에서 감자와 마주친 동
아는 여전히 뭔가 미묘하고 낯선 거리감을 유지하고 있다. 사실 복부
에 있는 가장 마지막 젖꼭지는 처져 있기는 했지만, 앞의 젖꼭지와 달

12월 초, 아키타견처럼 건장한 신체와 담력을 가진 개가 된 감자. 피부병은 벌써 오래전에 다 나았다(1994년 12월).

리 완전히 말라 있지는 않았다. 녀석은 여전히 다급하게 먹이를 찾아 다녔고, 배를 채운 다음에는 황급히 산으로 뛰어 돌아갔다.

산에 올라가니 강아지 두 마리가 어미 동아를 반갑게 맞이하더니 젖을 빨기 위해 뱃속으로 파고들었다. 그런데 동아가 다시 다급하게 산꼭대기 급수탑 아래로 달려갔다. 거기에 두 마리가 더 자고 있었다. 동아가 거주지를 이곳으로 옮긴 게 틀림없었다.

산 중턱까지 올라간 감자는 천천히 떨어지는 유동나무 잎을 바라보았다. 뭔가 생각에 잠긴 듯했지만, 거기서 더 걸어가지는 않았다. 연못을 돌아 대로까지 가니 맞은편에 들개 세 마리가 보였다. 이쪽으로 건너와 감자와 얼굴이라도 맞대고 싶은 모양이었다. 하지만 감자는 아무 흥미도 보이지 않은 채 참억새 수풀이 있는 공터로 들어갔다.

📓 336일째(12월)

다 짝이 있게 마련인 건지 8월 즈음 새끼를 잃었던 무화과의 배가 점차 다시 커지기 시작했다. 아마 야생에서 처음 새끼를 잃었다는 사실을 받아들일 수 없어 어떻게든 다시 새끼를 갖고 싶었던 건지도 모른다. 무화과는 감자와 함께 골목길 중간 용수나무 아래에 터를 잡고 지냈고, 청어는 삼겹이와 함께 산에서 지내고 있다.

점심시간이 되자 급수탑 청소부가 급수탑을 점검하러 산에 올라갔는데 그 바람에 동아가 많이 놀랐다. 녀석은 몇 차례 크게 짖어 대더니 청소부를 본체만체했다. 그러다가 스스로 자리를 떴고, 다른 개들을 찾으러 산 넘어 쓰레기장으로 향했다. 급수탑 아래서 자는 새끼 네 마리를 남겨 둔 채.

갓 태어난 감자가 그랬듯 이번에 태어난 동아의 새끼 네 마리도 몸에 짓무른 홍반이 보였다. 상처가 너무 커서인지 몸이 부스럼 위에 기대어 있는 것처럼 보였다. 툭하면 파리가 날아들어 그 옆을 빙빙 날아다녔다. 뒷동산이 아무래도 습한데다가 쓰레기장 가까이에 있는 탓에 쉽게 피부병에 걸리나 보다. 아니면 피부병 유발 인자가 이미 동아의 유전자에 새겨져 있거나.

네 마리 중 두 마리가 특히 작고 말랐는데 가까이 다가오는 청소부를 보고도 경계심을 보이지 않았다. 그냥 둘이 딱 붙어서 웅크리고만 있었다. 나머지 두 마리는 몸이 상당히 건장했다. 예전에 감자와 꼬맹이가 그랬듯 근처를 걸어 다니기도 했다. 얼마 지나지 않아 둘은 다른 쪽 수풀로 살그머니 걸어가 버렸다.

📓 338일째(12월)

동아의 새끼 네 마리 중 가장 작고 마른 두 마리가 연이은 겨울비에 하늘나라로 떠나고 말았다. 사체가 근처 할

동아가 혼자 산에서 내려와 먹이를 구하고 있다. 젖꼭지 두 개만 불어 있는 걸 보니, 새끼가 죽은 모양이다(1994년 12월).

머님 댁 토란밭 옆에 널브러져 있었고, 그 위로 파리 떼가 모여들었다. 살아남은 다른 두 마리는 각각 갈색과 검은색 강아지로 체형이 둥그스름하고 성격도 밝았다. 움직이기 좋아하는 녀석들이어서 여러 날 동안 어두컴컴하고 침울했던 이곳 뒷동산에 기쁨과 희망을 선사하는 주인공이 되었다. 어릴 적 감자와 꼬맹이도 이랬는데 시간이 지나면서 더해 가는 고생에 음울하고 의기소침한 성격으로 변해 갔다.

📝 343일째(12월)

벌써 며칠째 비가 내리고 있다. 감자와 삼겹이, 청어는 모두 산에서 쉬고 있다. 배가 남산만 하게 부른 무화과는 항상 기운이 쭉 빠진 모습으로 갈림길에 있는 용수나무 아래, 임시로 차를 대놓는 곳에 옆으로 누워 있다. 배가 불룩한 걸 보니 2~3일 내에 출산할 듯하다. 산에 들어가지 않고 여기서 낳는 건 아무래도 위험할 것이다.

동아는 가장 통통한 갈색 강아지를 데리고 급수탑 구역을 떠나 예전에 감자와 꼬맹이를 키웠던 산봉우리로 기어 올라갔다. 나머지 검은색 강아지는 추위를 이기지 못하고 은밀한 숲 속에서 자취를 감추고 말았다.

📓 345일째(12월)

　　　　　　입동 이래 가장 추운 날이다. 단백질과 또라이깜보가 나란히 공터로 들어왔다. 아무리 세상이 엉망으로 망가져도 오직 둘만은 존재한다는 듯. 이렇게 함께 살아갈 수 있다면 그대로 어떻게든 견뎌낼 수 있을 거라는 듯.

　점심때가 되자 용수나무 아래 멀지 않은 수풀 속에서 새끼 고양이가 내는 울음소리와 비슷한 소리가 났다. 무화과가 출산을 하고 있었다. 누운 무화과가 만족스러운 얼굴로 갓 태어난 새끼를 핥아 주었다. 아직도 배가 빵빵한 게 낳아야 할 새끼가 더 있어 보였다. 지나가는 사람들 눈에 이런 모습이 고스란히 들어왔다. 무화과가 시간과 장소를 제대로 고르지 못하고 새끼를 낳고 있는 것이다. 농부 아저씨가 급히 대야에 우유를 담아 무화과 앞에 가져다 놓고는 사람들 눈에 띄지 않고 바람도 피할 수 있도록 낡은 녹색 우산으로 가려 주었다.

　동아는 배가 고파도 꾹 참으며 흙구덩이를 떠나지 않았다. 새끼가 얼어 죽을까 봐 계속 새끼를 품은 채 온기를 나눠 주려 했다. 찬바람이 불어 닥친 상사나무 숲에서는 새들의 지저귐 소리도 들리지 않았다. 생명의 흔적을 전혀 찾을 수 없었다.

동아가 세 번째 임신으로 낳은 새끼들은 수명이 너무 짧았다(1994년 12월).

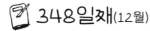 348일째(12월)

　　　　찬바람의 급습으로 기온이 12도까지 내려갔
다.* 안타깝게도 남아 있던 동아의 마지막 새끼마저 추위를 견디지 못
하고 떠나고 말았다. 동아가 다리로 흙을 파내 흙더미와 떨어진 유동

---

* 타이완은 사계절 내내 온도가 높은 편이다. 타이베이의 12월 평균 기온이 영상 17도라는 점을
고려할 때 12도면 온도가 꽤 많이 떨어진 날이라 할 수 있다. / 옮긴이

나무 마른 잎 속에 새끼를 묻어 주었다. 부패한 털과 발바닥이 반 정도 밖으로 드러났다.

산기슭 아래에서는 무화과가 총 여섯 마리의 새끼를 낳았다. 세 마리는 어두운 갈색, 두 마리는 어두운 누런색, 나머지 한 마리는 검은색이었다. 누구인지는 모르겠지만 누군가 무화과를 위해 종이 상자로 개집을 만들어 주었다. 상자 밑바닥에는 무화과와 새끼들이 편히 잘수 있도록 옷도 한 벌 깔려 있었다.

📓 350일째 (1월)

　　　　　　마음씨 좋은 근처 주민들이 돌봐 준 덕분에 무화과는 찬바람이 부는 가운데에서도 새끼 여섯 마리의 생명을 온전히 지켜냈다. 그런데 이 여섯 마리가 다 자라면 어떻게 해야 할까? 여기까지 생각한 주민이 있을지 모르겠다.

청어와 삼겹이, 감자는 추위를 피해 간이 차고로 모여들었다. 유독 동아만 예전과 다름없이 산꼭대기 이곳저곳을 배회하며 다니다가 겨울잠을 자는 뱀처럼 흙구덩이 안에서 계속 엎어져 지낸다. 마치 새끼들이 아직 거기 있기라도 한 것처럼. 내려가서 다른 개들과 어울릴 생각을 하지 않는다.

📝 353일째(1월)

　　　　　　용수나무 맞은편 주택가에 사는 한 아주머
니가 무화과를 보고는 가여운 생각이 들었는지 직접 나서서 녀석을
목욕시켜 준 적이 있다. 무화과가 시종일관 이 용수나무 주변을 맴도
는 것도 일전에 따뜻하게 돌봐 준 이 아주머니 때문인지도 모를 일이
다. 그러다가 결국 부근 수풀에서 새끼까지 낳은 것이다. 자신을 따뜻
하게 대해 준 아주머니에게 편안함과 안도감을 느끼고 있는 것이 분
명하다. 하지만 이 순간적인 안도감이 차가운 바깥세상으로부터 무화
과 가족을 보호해 줄 수 있을까?

　마음씨 좋은 아주머니 외에도 가끔 길 가던 사람들이 보온용 옷이
나 음식을 가져오곤 한다. 무화과와 여섯 마리 새끼는 이렇듯 따뜻
한 보살핌 속에 살아가고 있다. 다만 들개의 생활방식이라는 시각에
서 보면, 이런 대우는 적자생존의 법칙을 벗어나는 일이기는 하다. 엄
격하게 말하면 근처에 사는 다른 들개들 입장에서는 상당히 불공평한
상황이기도 하고, 새끼 여섯 마리에게도 꼭 좋은 일만은 아니다. 가장
건강한 새끼가 살아남는 게 아니기 때문이다.

　작년 7월부터 무화과와 청어, 동아 세 마리 암캐에게서 계속해서 새
끼가 태어났다. 그중 누군가 데려간 강아지를 제외하고는 제대로 살
아남은 새끼가 단 한 마리도 없다. 이에 비하면 따뜻한 보금자리 안에
서 단잠에 빠진 이 여섯 마리 강아지는 정말로 천양지차의 대우를 받
고 있는 셈이다.

찬바람이 불어닥친 와중에 용수나무 아래를 지나가는 동아를 보니 복부가 이미 쪼그라든 상태였다. 녀석은 쓰레기장에서 아주 적극적으로 먹이를 찾아다녔다. 얼마 전 새끼 전부를 잃은 일은 머릿속에서 다 지워 버린 듯하다. 들개에게는 오랫동안 슬픔에 빠져 지내는 것도 사치일 수 있다. 하루라도 빨리 고통을 잊고 앞날을 맞이하는 수밖에 없다. 동아는 감자, 청어와 만나 서로 다정하게 냄새를 맡으며 따뜻하게 내리쬐는 햇볕을 마음껏 즐겼다.

📝 362일째(1월)

청어, 삼겹이, 감자가 연못가를 돌아다녔다. 그런데 이유는 모르겠지만, 감자와 나머지 개 두 마리 사이에서 다툼이 벌어졌는데 감자는 청어와 삼겹이를 손톱만큼도 무서워하지 않았다. 두 녀석이 여전히 감자보다 더 크기는 하지만 감자도 종아리가 예전보다 훨씬 두꺼워졌다. 흰 털 사이사이에 어두운 누런색 털도 점차 보이기 시작했다.

잠시 후에 동아가 연못가에 나타났다. 체격만 보면 어미인 동아가 감자의 반밖에 되지 않는다. 이 네 마리가 유유자적 어슬렁거리며 공터로 걸음을 옮겼다. 동아는 오랫동안 가지 않은 탓인지 좀 어색해하는 것 같았다. 이들 뒤로 또라이깜보와 단백질도 등장했다. 단백질과 꼭 붙어서 함께 다닌 이후로 또라이깜보는 거의 쓰레기장에 나타나지 않았다. 마치 다른 녀석들을 모르는 듯 행동한다. 또라이깜보 눈에는 그저 단백질뿐이다.

무화과는 계속해서 새끼 여섯 마리를 돌보고 있고, 요즘도 근처 행인들이 직접 손을 놀려 녀석들을 도와주곤 한다. 보금자리도 종이 상자가 아니라 버려진 커다란 서랍으로 바뀌었다. 여기가 꼭 공개된 전시실이라도 된 듯 매일 학교가 끝날 무렵이면 적잖은 아이들이 신이 나서 몰려와 녀석들을 보고 간다. 남은 도시락 반찬을 가져와 무화과에게 먹이는 아이들도 있다. 새끼들은 하루가 다르게 자라서 모두 살이 통통하게 올랐다. 이제 눈도 뜬다. 하지만 아직 이는 나지 않았다.

371일째(1월)

점점 더 많은 주민들이 무화과와 새끼 여섯 마리에게 관심을 보이고 있다. 녀석들이 사는 커다란 서랍 윗부분에 가림막 용도의 나무판도 덧대어 있다. 그런데 집개처럼 보살핌을 받다 보니 들개로서 난관을 헤쳐 갈 기회를 잃고 말았다. 이런 상태라면 한 번은 재앙을 피할 수 있을지 모른다. 하지만 들개에 대한 사람들의 관심은 보통 일시적인 흥미로 끝나는 경우가 많다. 게다가 정부 관련 부처에 들개의 번식 문제를 해결할 제대로 된 시스템이 시종일관 부재한 상황에서 들개에게서 태어난 새끼들은 종종 지역사회의 부담으로 전락하고 만다. 시간이 한참 지나면 이 강아지들도 참혹한 운명에서 벗어나기 어려워질 것이다.

378일째(1월)

무화과의 여섯 마리 강아지가 통통한 몸을 뒤뚱뒤뚱 움직이며 나무 서랍에서 기어 나와 주변에 사람들이 고정적으로 갖다 놓은 먹이를 먹기 시작했다. 하지만 나와 있는 시간이 길지 않다. 녀석들은 먹이를 다 먹으면 바로 돌아가 휴식을 취한다.

날씨가 추워서인지 아니면 유기견 추격 열기가 한바탕 휩쓸고 지나간 뒤여서인지 요즘은 골목길에서 추격대에 붙잡힌 개가 지르는 비명 소리가 거의 들리지 않는다.

이틀 연속 해가 나자 감자, 삼겹이, 청어가 공터에서 햇볕을 쬐었다. 겨울이 되면 들개들은 대부분의 시간을 햇볕을 쬐며 보내는 듯하다. 집개도 이렇게 온종일 똑같은 행동만 반복하다 보면 개성이 점점 사라질 것이다. 독특한 개성이라고는 전혀 찾아볼 수 없는 일반적인 들개처럼 되고 만다.

집에서 키우는 개들에게서는 사람과 비슷한, 불가사의한 모습이 흔히 관찰된다. 이런 모습이 나타나려면 안심할 수 있는 환경이 갖추어져야 한다. 그래야만 개들이 시간과 에너지를 들여 생각도 하고, 규칙을 이해하면서 주인과 긍정적인 상호관계를 맺는 것이다. 어떤 개가 보이는 특징적인 행위는 사실 주인의 성격을 보여 주기도 한다. 하지만 들개는 일반 가정에서 느낄 수 있는 따스함과 안도감은 느끼지 못한 채 온종일 배를 채우기 위해 바삐 뛰어다닌다. 주인과 상호관계를 맺을 필요가 없다. 그러니 독특한 모습이라는 게 관찰되기가 쉽지 않다.

📓 379일째(1월)

　　　　무화과의 첫 번째 새끼는 벌써 대로까지 가는 모험을 감행하기도 하고, 혼자서 뼈다귀를 물어뜯을 수 있을 정도가 되었다. 이 녀석을 제외한 나머지 새끼들은 대부분 보금자리 앞에 엎드려 누워 있다. 학교가 파할 시간이면 근처에 사는 학부모들이 별일이 없는 한 아이들을 데리고 와서 이 들개 가정을 들여다보곤 한다. 이런 식으로 어린아이들에게 들개를 어떻게 돌봐야 하는지 가르쳐 주는 어른들도 있다. 시간이 좀 더 흐르면 새끼들을 데리고 가서 키우자고 이야기하는 사람들도 있을 것이다.

388일째 (2월)

　　　　　　무화과가 새끼 세 마리를 데리고 나와 골목
길을 어슬렁거렸다. 어미 개가 강아지를 데리고 다니는 것처럼 사랑
스러운 모습도 없다. 하지만 그러면서도 어쩔 수 없이 차량이 오갈 때
발생할 수 있는 사고를 걱정해야 한다. 사람들이 새끼 여섯 마리 중
세 마리는 벌써 데리고 갔다. 이는 곧 남은 세 마리는 상대적으로 건
강해 보이지 않는다는 의미이기도 하다. 주민들이 돌봐 주고 먹이를
가져다주지 않았다면 뒷동산 근처에서 태어난 들개 새끼들의 생존법
칙에 따라 남은 세 마리는 벌써 굶어 죽었을 것이다.

　어쩐 일인지 모르겠으나 감자와 삼겹이가 대로 옆에 나타났다. 맞
은편에 다른 들개는 보이지 않았다. 둘은 산길을 따라 계속해서 산 위
로 뛰어가려 했다. 가끔 이런 행동이 정말 풀리지 않는 수수께끼로 다
가온다. 어쩌면 사는 게 너무 무료해서 그런 것일 수도 있고, 잠재의식
속에 녀석들에게 이런 과감한 모험을 감행해 보라고 격려하는 일종의
본능이 존재하는 것일 수도 있다. 거기에 이런 본능적인 행동에 동행
해 주는 친구도 있지 않은가. 추측해 보건대 아마도 앞장선 녀석은 분
명 감자일 것이다. 둘이 그렇게 한참을 걸어가는 와중에도 다른 들개
나 집개는 그림자도 보이지 않았다. 보이는 건 산 아래로 내달리는 차
뿐이었다.

　삼겹이는 여러 차례 발걸음을 멈추었지만 감자는 쉬지 않고 앞으로
나갔다. 그러니 삼겹이도 어떻게든 그뒤를 따를 수밖에 없었다. 마침

내 산언덕에 도착했다. 그곳에서는 몇몇 사람이 차를 마시고 있었다. 커다란 개 한 마리도 그곳에서 쉬고 있었다. 녀석들은 서로 냄새를 맡고 난 다음에야 다들 다른 곳 출신임을 알았다.

그곳에서는 고개 넘어 멀리 조밀하게 들어선 대형 주택단지가 보인다. 감자는 계속 걸어가 보고 싶었지만 삼겹이는 원하지 않았다. 그래서 이번 여행은 여기서 끝내기로 했다. 어쩌면 많은 들개가 살면서 떠날 수 있는 여행은 대부분 이 정도일 것이다.

우리가 낭만적으로 생각하는 10~20킬로미터, 심지어 100~200킬로미터에 이르는 이동이 결코 아니라는 이야기이다. 그렇게 기나긴 여행길에 오른 개는 흔히 볼 수 있는 들개가 아닐지도 모른다. 이런 호방한 방랑객 기질이 있는 들개는 과거 농업사회에서나 볼 수 있었을 것이다. 지금과 같은 산업사회에서 도시의 들개는 안전하게 한 걸음 옮기는 것도 어려운 일이다. 들개 한 마리의 활동 범위는 대부분 작은 동네 하나 정도이다. 사방으로 500~600미터만 되어도 상당히 큰 영역이라 할 수 있다.

📓 390일째(2월)

어제 점심 무렵 무화과의 새끼가 급히 지나가던 차량에 치여 죽고 말았다. 그러더니 오늘은 또 다른 새끼가 빠른 속도로 내달리던 소형 화물차에 치여 죽었다. 차들은 사람이 없는 골목길에서 종종 속력을 높인다. 차에 치인 새끼는 현장에 피를 한가득 뿌렸다. 한쪽 눈은 아예 튀어나온 상태였다. 가까이 다가갔던 무화과가 낮게 훌쩍이며 울었다.

그뒤 무화과는 두려움에 젖어 허둥지둥 길거리를 돌아다녔다. 몸을 덜덜 떨고 있었다. 이 무서운 사태에 어떻게 대응해야 할지 몰라 머릿속이 하얗게 된 것 같았다. 그러더니 다시 현장으로 돌아와 새끼가 뿌린 피를 핥아 댔다. 이어서 차에 내동댕이쳐져 구른 새끼의 몸을 쉬지도 않고 혀로 핥아 주었다. 새끼가 다시 살아나기를 간절히 바라는 것 같았다. 하지만 어미가 해 줄 수 있는 건 이것뿐이다.

다행히 살아남은 누런색 새끼 한 마리는 이런 상황을 아는지 모르는지 어미와 죽은 형제 곁을 빙빙 돌며 사방을 깡충깡충 뛰어다녔다.

📝 394일째(2월)

계속 이어지는 비에 감자, 삼겹이, 청어가 더 이상 굶주림을 참을 수 없었는지 먹이를 찾으러 골목길 입구 쓰레기 더미로 몰려갔다. 거기서 마찬가지로 먹이를 찾으러 온 또라이깜보와 단백질을 만났다.

오후 무렵, 낯선 개 한 마리가 101번지 골목길로 뛰어 들어왔다. 그런데 이 녀석이 단백질에게 함부로 했는지 또라이깜보가 이성을 잃고 달려들었다. 이때 마침 바람 쐬러 나왔다가 이 현장을 목격한 집개 푸르미는 놀라서 주제넘게 까불 생각이 쏙 들어가 버렸다. 그래도 밖에 나온 흥분은 어찌하지 못해서 쓰레기장을 향해 정신없이 뛰어갔다. 삼겹이 일행은 푸르미를 상대하고 싶은 마음이 없어 그냥 뒷동산으로 가 버렸다.

쓰레기장으로 뛰어갔던 푸르미가 되돌아오던 길에 슬픔에 젖은 무화과와 마주쳤다. 내용을 모르는 사람은 푸르미가 무화과에게 한바탕 한 줄 알 것이다. 푸르미는 새끼를 잃은 어미 개를 한 번도 본 적이 없지만 뭔가 걱정스러운 듯 기본적인 예의를 갖추고는 조용히 자리를 떠났다.

📓 401일째(2월)

드디어 날이 개었다. 무화과가 새끼를 데리고 길거리로 나와 햇볕을 쬐고 있었다. 동네 경비 아저씨가 지나가는 주민에게 알려 주었다.

"새끼 두 마리는 차에 치여 죽었고, 세 마리는 사람들이 데려갔고, 이제 한 마리밖에 안 남았구료."

한 마리를 입양할 생각이었던 주민이 물었다.

"마지막 남은 이 새끼가 수놈인가요? 암놈인가요?"

경비 아저씨는 새끼를 이리저리 살피더니 확신에 차서 말했다.

"암놈이죠! 사람들이 데려간 새끼가 죄다 수놈이었으니까요."

주민도 살펴보고는 아저씨 말이 맞다는 것을 확인하고는 입양할 생각을 접었다. 경비 아저씨 말에는 그동안 내가 몰랐던 중요한 정보가 들어 있었다. 들개가 이렇게 많아진 데는 중요한 원인이 하나 있었다. 사람들이 새끼를 낳으면 곤란해질 거라는 생각에 암캐가 아닌 수캐만 입양하다 보니 남겨진 암캐가 계속 출산을 해서 개체수가 늘어난 것이다.

📓 405일째 (2월)

무화과가 오랫동안 밖에 나오지 않았던 콩나물과 대로에서 만나 함께 놀았다. 그런데 노는 데 정신이 팔려 지나가는 차를 보지 못했다. 빠른 속도로 지나가는 택시를 두 놈 다 제때 피하지 못하는 바람에 크게 다쳤다.

콩나물은 안 그래도 몸집이 작은데 다리가 눌리고, 가슴팍을 정면으로 부딪쳤다. 다시 몸을 일으켜 걸으려면 앞가슴으로 땅을 짚고 일어서야 했다. 절뚝절뚝 걷는 모습이 표현하기 어려울 정도로 안타까웠다. 콩나물은 자신이 집이라고 생각하는 낚시터로 가야 한다고 생각했는지 거의 기다시피 하면서 낚시터 쪽으로 향했다. 하지만 쓰레기장을 지난 뒤 녀석은 온데간데없이 사라지고 말았다. 그 상태로 낚시터까지는 가지 못했을 텐데 어디로 사라졌을까. 낚시터 주인은 나타나지 않는 녀석을 찾을 생각도 하지 않았다. 콩나물이 다른 들개들을 따라서 사라졌다고 생각하는 것 같았다.

들개인 듯 집개인 듯 살았던 콩나물은 신분상의 혼란으로 인해 다른 들개들에 비해 성격이 훨씬 불안정했다. 들개로 지낼 때는 삶의 무력감과 온종일 먹이를 찾아 돌아다녀야 하는 상황으로 인해 자기 성격을 드러낼 시간이 없었고, 집개로 지낼 때는 머리를 이리저리 굴리며 주인의 사랑을 받으려 온갖 고민에 사로잡히곤 했다. 녀석이 마지막까지 주인의 사랑과 관심을 얻지 못하고 떠난 게 안타깝다.

무화과도 택시에 치여 엉덩이에서 피가 났다. 나중에는 아예 정상적으로 움직일 수가 없어서 두 앞다리로 뒷다리를 천천히 끌고 다녔다. 그러다 보니 무화과가 아스팔트를 지나갈 때면 쓱쓱 소리가 났다. 녀석의 피부와 아스팔트가 마찰을 일으키며 내는 끔찍한 소리였다.

📓 414일째(3월)

무화과의 상처가 많이 나은 것 같다. 오른쪽 뒷다리를 움직이는 것만 불편해하는 정도였다. 녀석이 새끼를 데리고 나무 서랍 보금자리 근처를 돌아다녔다. 마지막으로 남은 강아지는 형제들이 교통사고로 떠나는 것을 보아서인지 벌써 차를 피하는 법을 배운 모양이다. 꽤 흥미로운 부분이다. 차를 피하는 법을 배운 새끼는 상대적으로 살아남을 확률이 더 높다.

📓 421일쨰 (3월)

한밤중에 동아가 골목 입구로 향했다. 커다란 검은색 개가 동아의 엉덩이 냄새를 맡으며 그뒤를 바짝 따라가고 있었다. 보아하니 동아가 상상 임신 상태이거나 그것도 아니면 곧 다시 발정기에 접어들 징조이다.

📓 422일쨰 (3월)

무화과와 새끼가 보이지 않는다. 개집이 텅 비어 버렸다. 동네 경비 아저씨 말로는 유기견 추격대가 와서 두 녀석을 잡아간 것 같단다. 사람들이 무화과 가족을 챙기는 것을 보고 결국 불행한 운명을 벗어나지 못할 것이라던 농부 아저씨의 말대로 되고

말았다. 애초에 동네에 들어와 새끼를 낳은 것도 마음씨 좋은 누군가
가 먹이를 챙겨 주었기 때문이지만 먹이를 챙겨 주던 사람은 선행 이
후 무화과가 이곳에 의지해서 살 거라는 걸 고려하지 못했다. 애초에
먹이를 주지 않고 그냥 내쫓았다면 상황이 지금보다는 나았을지도 모
른다.

📓 424일째(3월)

　　　　　　　　놀랍게도 무화과가 동네 입구에 모습을 드
러냈다. 어떻게 된 걸까? 알고 보니 무화과는 유기견 추격대에 잡혀간
게 아니었다. 어떤 집에서 무화과를 데리고 여행을 다녀왔다고 했다.
그래서 오늘에야 얼굴을 드러낸 것이다. 하지만 그사이 녀석의 보금
자리는 이미 망가져 버렸다. 농부 아저씨는 큰 소리로 녀석을 내몰며
쫓아내려 했다. 녀석이 나무서랍 보금자리를 떠나기를 바란 것이다.
하지만 녀석은 도리어 드러누워 배를 내보이며 섭섭해했다.

　그런데 새끼는? 듣자니 새끼는 누군가가 키우려고 데려갔다고 했
다. 그날 유기견 추격대가 나타났던 건 사실이다. 그런데 그때 잡힌 개
는 무화과가 아니라 청어였다. 청어는 사람만 보면 무조건 꼬리를 흔
들어대는 녀석이다. 그런 청어도 뒤늦게 유기견 추격대를 보고는 뭔
가 이상하다 싶었나 보다. 놀라서 도망가려 했지만 이미 늦은 상황이

었다. 유기견 추격대에 너무 가까이 가 있던 탓에 몇 발자국 뛰지도 못하고 그물망에 걸렸다고 했다. 녀석의 몸집이 커서 끌고 가기가 쉽지 않았던 탓에 추격대는 나무 막대기로 녀석을 오랫동안 내려친 후 질질 잡아끌고 갔다고 했다. 그때 끌려가면서 뽑혀 나간 털의 흔적이 지금까지 길바닥에 남아 있다.

청어는 갑자기 당한 일에 큰 충격을 받았고 잔혹한 구타에 이어 올가미가 잔인하게 조여 오자 차에 타기도 전에 숨이 끊겼다고 했다.

📓 440일째(4월)

며칠 연속 내리던 비가 그치고 날이 개었다. 다시 핀 유동나무 꽃이 꽃잎을 한 장 두 장 떨구며 산길과 나무 사이의 무성한 수풀을 아름답게 수놓았다. 동아와 감자, 삼겹이가 한 곳으로 모여들었다. 사람을 의혹 가득한 눈길로 바라보는, 가까이 다가가기 쉽지 않은 이 들개 세 마리가 다시금 공터와 뒷동산 사이를 오가고 있다. 스님의 무미건조한 하루하루처럼, 아무 일 없이 조용한 날들이다.

📓 450일째(4월)

무화과를 데리고 여행을 다녀왔던 사람이 고맙게도 얼마 전 녀석을 동물병원으로 데려가서 중성화수술을 시켰다. 2주 뒤에 돌아온 무화과의 목에는 가죽끈이 채워져 있어 집개처럼 보였다. 수술한 지 얼마 되지 않은 탓인지 아파서 골골거리고 정신도 없어 보였다.

📓 459일째(4월)

동아가 다시 발정기에 접어들었다. 아침에 공터에 수캐 두 마리가 나타나서 동아 뒤를 바짝 쫓더니 뒷동산으로 뛰어 올라갔다. 이번에 가장 바짝 따라붙은 녀석은 푸르미였다. 개들은 다시 과거가 반복되는 일상으로 되돌아갔다. 침울하면서도 단조로운 그런 세상 말이다.

📝 501일째(6월)

　　　삼겹이와 감자가 공터에 가서 사람들이 가져다 버린 흙을 살펴봤다. 흙더미가 작은 언덕만큼 높았다.

　무더운 여름, 뒷동산은 적막에 휩싸였고 활짝 피었던 유동나무 꽃도 이제 지기 시작했다. 지난 몇 개월 동안은 새로 등장한 들개도, 그 사이 버려져 이 동네 들개 대열에 합류한 개도 없었다.

　또라이깜보와 단백질이 돌아왔다. 단백질은 생활면에서 또라이깜보에게 더 의존하게 된 듯하다. 또라이깜보와 단백질은 한동안 시장까지 뛰어가 돌아다녔는데 단백질에게 시장행은 신혼여행이나 마찬

깊은 밤 골목 입구에서 먹이를 찾고 있는 또라이깜보(1995년 6월).

가지였다. 단백질은 늘 101번지 골목길만 지키고 살았던 까닭에 다른 동네에 가본 적이 없던 개였다. 예전에 반쪽이와 시장에 가려고 나섰다가 중간에 돌아온 적이 있을 뿐이다.

시장에서 뭔가 중요한 탐색이라도 한 것인지 시장을 다녀온 후로 단백질은 계속 음식점에 드나들며 먹이를 구해 왔다. 물론 또라이깜보는 여전히 맞은편 길에서 이런 단백질을 기다렸다. 그리고 단백질도 새끼를 뱄다.

📝 503일째(6월)

내리는 빗속에 동아와 감자, 삼겹이가 간이 차고 아래에 들어와 비를 피했다. 배가 고팠는지 세 마리 모두 지나가는 농부 아저씨를 한참동안 뚫어지게 쳐다봤다. 아저씨가 먹이를 던져 주기를 바라고 있는 것이 분명하다. 하지만 어쨌든 집에서 키우다가 버려진 개들은 아니어서 먹이를 얻겠다고 꼬리를 흔들며 동정을 구하지는 않았다. 동아는 배가 살짝 솟아 올라왔다.

무화과는 온종일 용수나무 아래서 게으름을 피우며 사람들이 눈앞까지 먹이를 가져다주길 기다렸다. 녀석은 들개의 생명력을 잃어버린 것 같았다. 언제나 찾아오는 굶주림으로 끊임없이 돌아다니면서 먹이를 찾는 자유와 욕망이 거세된 것이다.

📓 517일째(6월)

며칠째 이어진 무더위 속에 들개들이 거의 자취를 감추었다. 이른 아침 굴착기 한 대가 공터 수풀을 파기 시작했다. 이곳에 곧 집을 짓는단다. 동아는 남산만 한 배를 지탱한 채 먼 곳을 응시하다가 뒤뚱거리며 산으로 돌아갔다. 출산이 코앞이다.

📓 527일째(6월)

연못의 1/3 정도가 버려진 흙에 뒤덮였다. 동아와 감자 모두 이런 환경 변화에 당황한 듯했다. 밤이 되자 농부 아저씨가 동아와 2미터 정도 떨어진 위치까지 다가가서 쭈그리고 앉아 아래로 축 늘어진 녀석의 배를 자세히 살펴보았다. 그런데도 녀석이 그 자리에 엎드려 꼼짝도 하지 않았다. 전과는 달랐다. 아마 농부 아저씨가 들고 간 비닐봉지 안에 먹을 게 들어 있다고 생각한 모양이다. 아저씨가 몸을 일으켜 자리를 떠나려 하자 녀석이 큰 소리로 짖었다. 왜 아무것도 주지 않느냐고 원망하는 듯.

532일째(7월)

며칠 전 봤을 때는 단백질의 배가 여전히 남산만 했다. 그런데 요 이틀 사이에 새끼를 낳았는지 배가 쏙 들어갔다. 최근 들어 단백질은 골목 입구 잡화점에 뻔질나게 드나들며 그곳 사장님이 주는 먹이를 먹곤 한다. 젖꼭지가 눈에 띌 정도로 축 처진 걸 보니 새끼를 낳은 게 분명하다. 가게 사장님도 이를 아는지 찾아온 녀석에게 먹이를 줄 뿐 아니라 작은 비닐 봉투에 먹을 것을 따로 담아 옆에 놓아 둔다.

단백질이 먹이를 먹고 있으면 또라이깜보는 잡화점 맞은편 인도에 서서 단백질이 나오기를 기다린다. 다른 개가 단백질에게 다가가면 또라이깜보가 바로 그쪽으로 건너간다. 단백질의 먹이를 뺏어먹지 못하게 막는 것이다. 나그네처럼 여기저기 떠돌아다니던 녀석이 이렇게 책임감 있는 반려자가 될 줄은 정말 상상도 하지 못했다. 게다가 다른 암컷의 짝짓기 현장에 녀석은 그림자도 내비치지 않는다.

식사를 마친 단백질이 먹이가 든 비닐봉지를 입에 물고 자리를 떠났다. 녀석은 초등학교 앞 인도를 따라 걸어가다가 작은 개구멍 속으로 꺾어 들어갔고, 학교 운동장 구석 황량한 수풀 속으로 걸어갔다. 따라 들어갈 때가 있긴 하지만 또라이깜보는 대부분 밖에서 기다리는 편이다. 이곳이 바로 현재 단백질의 보금자리로, 새끼들이 이 안에 있다.

골목 입구에 나타난 동아는 눈에 띌 정도로 배가 작아진 상태였다. 새끼를 낳은 게 분명하다. 녀석은 잡화점을 지나 먹이를 찾으러 골목

또라이깜보와 좋은 인연을 맺어 새끼를 낳은 단백질. 출산한 지 얼마 지나지 않았을 때의 모습이다(1995년 7월).

길 뒤쪽으로 이동했다. 그러다가 먹이가 눈에 띄지 않자 재빨리 산으로 돌아가 버렸다. 동아는 예전부터 다니던 길을 따라서 할머님 댁의 토란밭으로 숨어들었다. 고개를 빠끔히 내밀고 사방을 두리번거리면서 위험이 없다는 확신이 들자 늘 그랬던 것처럼 산꼭대기 근처로 돌아갔다.

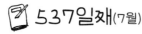 537일째(7월)

밤이 되자 오랫동안 보이지 않던 감자와 삼겹이가 모두 용수나무 아래에 나타났다. 감자는 근처 아파트에 사는 암캐에게 짝짓기를 시도했다가 실패하고 말았다. 암캐가 더 크고, 감자의 다리가 짧은 탓이었다. 감자는 계속해서 시도했지만 끝내 성공하지 못했다. 이미 중성화수술을 받은 암컷인데도 여전히 암내를 풍겼는데, 지금은 그럴 기분이 아닌가 보다.

어쩌면 감자로서는 첫 짝짓기라서 민망하기도 하고 곤혹스럽기도 할 것이다. 짝짓기를 어떻게 해야 하는지도 모르고, 암캐와 어떻게 소통해야 하는지에 대해서도 무지할 뿐 아니라 암캐가 원하는 게 뭔지는 더더욱 모르는 상황이니 말이다. 삼겹이는 그 옆에서 구경만 할 뿐 이 일에 끼어들지 않았다. 감자가 멍청한 짓을 하고 있다는 걸 일찌감치 알아챘을지도 모를 일이다.

📓 548일째(7월)

어제 새벽 유기견 추격대가 골목 입구에 나타나 동네에 등장한 지 얼마 되지 않은 들개 두 마리를 잡아갔다. 처량한 비명이 또 한 차례 골목길 안에 울려 퍼졌다. 감자와 삼겹이도 그 소리에 놀라 산으로 줄행랑을 쳤다.

📓 570일째(8월)

농부 아저씨가 동아 먹으라고 남은 밥이 담긴 냄비 하나를 간이 차고 아래 두고 갔다. 사실 이런 행동이 적절하다고만은 할 수 없다. 들개에게는 그리고 그 들개 가족에게는 자신만의 생활방식이라는 게 있어야 한다. 오히려 동아와 새끼들에게 해가 될 수도 있다. 의존적이 되기 때문이다. 동아가 나타나지 않자 아저씨가 산으로 올라갔는데 그때 낑낑대는 소리가 들렸다. 고개를 들어 멀리 산비탈을 바라보니 새끼 세 마리가 위로 올라가려고 발버둥을 치다가 결국은 어미 곁으로 가서 젖을 빨았다. 태어난 지 한 달이 좀 넘은 건강한 새끼들로 두 마리는 황갈색, 다른 한 마리는 검은색이었다.

농부 아저씨가 가까이 다가가자 동아가 재빨리 거리를 두었고, 새끼 세 마리도 각자 수풀 속으로 숨어들었다. 그곳엔 사람들이 버린 쓰

동아와 동아가 네 번째 임신으로 낳은 새끼들. 피부병에 걸린 흔적은 보이지 않는다(1995년 8월).

레기와 폐기물이 가득했다. 그런데 또 다른 황갈색 새끼 한 마리가 짖
어 댔다. 아마 엄마를 쫓아가지 못해 당황한 모양이었다. 아저씨가 살
펴보니 눈에 안 띄는 제일 구석에 숨어 아저씨를 향해 쉬지 않고 짖어
대고 있었다. 어린 늑대처럼 말이다. 본능적이면서도 힘이 넘치는 소
리에 아저씨는 더할 나위 없는 강인한 생명력을 느꼈다.

산에서 내려오면서는 새끼를 발견하지 못했다. 그만큼 새끼들이 잘
숨었다는 이야기이다. 눈에 띈 건 골목길을 돌아다니는 어미 동아뿐
이었다. 동아는 아저씨를 보더니 계속해서 짖어 댔다. 무언가를 단호
하게 지켜내야 한다는 듯.

📝 574일째(8월)

동아의 보금자리는 뒷동산에 있고, 또라이깜보와 단백질은 계속 행복한 부창부수를 이어가며 초등학교 운동장에 정착해서 살고 있다. 고정적인 부부 사이가 된 들개들은 특정 장소를 자신들의 영구적인 영역으로 삼으려는 욕망이 생기는 것 같다. 다른 들개 조합보다 훨씬 강력한 관계가 형성되는 듯하다.

대로 맞은편에도 어느 들개의 보금자리가 하나 더 있다. 지금이 강아지가 한창 태어날 시기로, 매년 겨울과 이 시기 즈음이 이 동네 강아지들의 번식 절정기인 듯하다.

동아가 네 번째 임신으로 낳은 새끼들은 그 전에 나은 새끼들보다 건강하고 활달하다(1995년 8월).

유기견 추격대가 끊임없이 개를 잡아가지만 개들은 계속해서 버려지고, 새끼들은 끊임없이 새로 태어난다. 이렇게 도시의 자연은 황당무계한 방식으로 균형을 이뤄 나간다.

중대형 야생 포유류 대부분이 1년에 한 번 새끼를 배는데 모두 봄에 번식해서 새끼를 낳는다. 그런데 개들은 도시에서 살다 보니 이런 일반적인 법칙을 따르지 않는 것 같다. 1년 2회 출산이 어쩌면 복잡하면서도 생존 전략이 담긴 진화된 행위인지도 모르겠다.

📓 578일째(8월)

가랑비가 이어지는 가운데 며칠 전부터 공터에서 땅 고르기 작업이 시작되었다. 온종일 불도저가 오가며 아파트 지을 준비에 여념이 없다. 오랫동안 공터에 들르지 않던 감자와 삼겹이가 호기심이 생겼는지 인부들이 공사를 시작하기 전인 이른 아침에 이곳으로 내려와 질척해진 땅에서 한참 동안 놀았다. 진창에서 먹이를 찾던 둘이 인부들이 먹다 버린 무언가의 냄새를 맡고 뒤지다가 밥과 반찬이 든 도시락을 찾아냈다.

위계서열로 보면 감자보다 삼겹이가 더 높은데도 녀석은 거의 앞에 나서는 법이 없다. 삼겹이는 같이 다닐 친구만 있으면 되는지 다른 일에는 소극적이다. 반면 감자는 어렸을 때와 마찬가지로 호기심도 많고 탐구정신도 강해서 늘 앞에 나선다. 어리고 건강한 수캐라 늘 활력이 넘친다.

동아는 새끼 세 마리와 함께 간이 차고에서 비를 피하면서, 새끼들을 핥아 주며 잠을 재웠다. 옆에 먹다 남은 밥이 담긴 스테인리스 도시락 용기가 있었다. 누군가 차를 꺼내러 왔지만 동아는 몸을 일으키지 않았다. 조금 긴장한 것 같긴 했지만 예전처럼 순식간에 줄행랑을 치지는 않았다. 동아가 서서히 사람들이 주는 먹이를 받아먹는 데 익숙해져 가고 있었다. 동아는 더는 예전처럼 사람에 대한 의혹이 가득한 들개가 아니다. 산 위에서의 생활이 너무 고생스러워서인지 아니면 예전의 떠돌이 생활에 지쳐서인지, 위험한 요인이 있어도 먹이가 부족하지 않은 곳에 머물기로 한 것 같다.

새끼 중 검은색 강아지가 비를 맞으며 수풀 속으로 뛰어들어가 뭔가 찾아 댔다. 그러더니 흠뻑 젖은 몸으로 뼈다귀 하나를 물고 간이 차고로 돌아왔다. 하지만 얼마 지나지 않아 황갈색 새끼 두 마리가 뼈다귀를 빼앗아 버렸고, 검은색 새끼는 다시 수풀 속으로 들어가 놀았다. 새끼들의 이런 모습을 동아가 행복한 표정으로 바라보고 있다. 쉬지 않고 새끼를 낳은 이래, 오늘이 동아에게는 가장 만족스러운 날일까? 먹이 끊길 걱정 없이, 새끼들이 하나같이 건강하게 잘 자라고 있고, 먹고 자는 것 외에 즐겁게 놀 수도 있으니 말이다. 예전에 낳은 새끼들은 모두 피부병으로 고생하고, 온종일 굶주리며 저승사자와 싸워야 했다. 지금이 그때보다 더 나은 걸까? 농부 아저씨가 가까이 다가오자 동아가 몸을 일으키더니 꼬리를 흔들며 가까이 다가갔다. 집에서 키우는 온순한 개처럼 굴었다.

반려동물에 대한 이야기를 나누다 보면 사람들은 대부분 다른 집 개가 어떤지, 자기 집 개가 얼마나 사람처럼 행동하는지 생동감 넘치게 묘사하며 즐거워한다. 이는 아주 당연한 일이다. 사람과 마찬가지로 도시 문명 속에서 생활하는 개와 고양이는 이미 원래 모습과 많이 달라진 지 오래이다. 생물학적 분류에 따르면 개는 늑대의 아종인데 사람 손에 길러지고 돌봄을 받으면서 여러 견종이 생겼고, 사람들로부터 각별한 사랑과 보살핌을 받게 되었다. 이런 상황에서 개들은 자연스레 끊임없이 변화를 거치며 사람들의 바람에 적응해 갔다. 그럼에도 불구하고 개는 스스로 끊임없이 새로운 가능성을 만들어 가고 있고, 의인화된 성격이나 특별한 행위는 일부분일 뿐이다. 다원화된 인간 사회에서도 사람에 따른 편차와 특이한 행동이 나타나듯 개들의 사회에서도 마찬가지이다.

이를 보여 주는 가장 명확한 사례가 바로 단백질이다. 오토바이 가게에서 살던 예전에는 온갖 거드름을 피우며 콧대 높은 대갓집 따님처럼 굴었다. 매일같이 유유자적 거리를 활보했고, 가는 곳마다 사람을 보며 짖어 댔다. 그런데 요즘은 시골 아주머니처럼 수시로 깜짝깜짝 놀라기 일쑤고, 또라이깜보가 와서 돌봐 주길 기다린다. 개 사료에 익숙했던 예전에는 쓰레기장의 버려진 음식은 거들떠보지도 않았고, 쓰레기 더미에서 닭뼈를 찾아내 물어뜯고 있는 동아 무리를 보고 코웃음을 치기도 했다. 버려지고 처음 며칠 동안은 녀석을 가엾게 여긴 누군가가 그릇에 고기죽을 담아 코앞에 가져다줘도 버려졌다는 슬픔

때문에 입맛도 잃었는지 고개를 절레절레 흔들고 꼬리를 살랑이며
자리를 떠 버리곤 했다. 그러다가 굶주림을 견딜 수 없는 지경이 되
어서야 현실을 명확히 인식하기 시작했다. 그러더니 지금은 골목길
식당 음식물 쓰레기통에 버려진 밥과 반찬을 앞발로 헤쳐 가며 맛있
게 잘 먹는다. 심지어 이제는 골목길 안 가게 사람들과 인사를 나눌
줄도 안다.

📓 593일째(9월)

　　　　　　　　동아는 간이 차고에서 쉬며 시간을 보내고
있다. 새끼들은 옆에서 빙빙 돌며 매일매일 즐겁게 논다. 뒷동산은 잊
어버리기라도 한 듯. 옛날 고생스러웠던 날들은 돌아볼 생각도 하지
않는다.

　새끼 세 마리는 이런저런 탐험을 시도하러 종종 뒤쪽 수풀 아래 풀
밭으로 뛰어간다. 나뭇가지를 입에 물고 서로 쫓아다니며 놀다가도,
어쩌다가 사람이 가까이 다가오면 당황해서 철골로 고정된 모랫구멍
으로 숨어든다. 땅늑대 새끼와 비슷하다. 다들 꽤 많이 자란 상태라 어
림잡아도 생후 2개월은 되어 보인다. 예전에 감자와 꼬맹이가 그랬듯
이제 녀석들도 더 먼 데까지 탐험을 나설 수 있을 것이다.

살이 오른 동아. 이제 예전의 기민한 눈빛은 보이지 않는다(1995년 8월).

📓 601일째(9월)

이른 아침, 또라이깜보와 단백질이 학교 운
동장에서 잡화점 문 여는 시간에 맞춰 건너왔다. 또라이깜보가 인도
에서 기다리는 동안 단백질이 혼자 가게 안으로 들어가 사장님이 준
비해 둔 음식을 먹은 뒤 따로 비닐봉지에 싸 둔 음식을 입에 물고 초
등학교 운동장으로 돌아왔다.

강아지 세 마리가 공터에서 꼬리를 흔들며 엄마인 단백질을 반겼다.
이 녀석들은 단백질이 두 번째 임신으로 낳은 또라이깜보의 새끼들일
것이다. 200여 일 전, 첫 출산 때는 수유 과정에서 실패하고 말았다.

멀지 않은 곳에서 또라이깜보가 이들을 바라봤다. 사람으로 치면

꼭 아버지 같은 자세를 하고서 단백질과 어린 강아지들을 지켜봤다. 먼 곳을 바라보며 이들을 보호하고 있는 것 같았다. 이 모습이 행복하고 단란한 가정을 그린 TV 광고 장면과 어찌나 닮았는지. 단백질의 강아지들도 동아의 새끼들처럼 생후 2개월은 될 것이다.

하지만 머지않은 미래에 이들 앞에 찾아올 가혹하고 비참한 운명을 미루어 짐작할 수 있다. 지금보다 더 자라 엄마를 따라 골목 입구에 나간 사이 위험이 닥칠 것이다. 차에 치이든 유기견 추격대에 잡히든 사실상 생존율은 상당히 낮다. 이것이 도시의 버려진 개들과 들개들이 마주하게 될 숙명이다. 야생에서 살아가는 다른 동물들과 같은 운명인 것이다. 들개에게 도시의 교외 지역은 낙원임과 동시에 위험하면서도 잔혹한 세상이기도 하다.

602일째(9월)

동아는 간이 차고에서 쉬고 있고, 새끼 세 마리는 나무 그늘에 숨어 있다. 다들 이미 사람들이 가져다주는 먹이에 익숙해졌고, 잘 먹은 까닭에 살도 통통하게 올랐다. 동아는 이제 온순하면서도 아름다운 눈을 가지게 되었고, 목 부위는 부풀어 오른 털로 두툼해졌다. 원래 들개의 아름다움이 가장 빛나는 계절이 가을이다.

사람들이 가져다준 먹이를 먹고 살다 보니 동아의 원래 있던 허리는 사라지고 둥그스름한 체격이 되었다. 동아 입장에서는 뒷동산에서 고생스럽게 살던 날들 이후로 요즘이 가장 먹고살 걱정 없는 때일 텐데 지켜보는 사람 입장에서는 걱정이 가시지 않는 나날이다. 동아가 사람에 대해 더는 적의를 품지 않는다는 건 녀석이 야성을 잃어가고 있다는 방증이다. 행복한 상황일까? 아니면 위험한 상황일까?

단백질은 여전히 잡화점 앞에서 먹이를 기다리고, 또라이깜보는 맞은편에서 조용히 단백질을 보호해 준다. 이렇게 흔들림 없는 반려 관계는 다른 들개 사이에서 벌어지는 이합집산과는 전혀 다른 관계의 양상을 분명하게 보여 준다. 동물학자들이 개들의 이런 의인화된 행위를 어떻게 설명할지 모르겠다.

원시시대, 그러니까 인간과 개가 아직 이렇게 밀접한 관계가 형성되지 않았을 때, 야생의 수캐가 먹이를 먹는 암캐를 지켜봤을까? 아니면 수캐가 먹이를 입에 물고 돌아가 암캐에게 주었을까? 잡화점 문 앞에서 기다린다는 사실은 이미 암캐가 안에서 뭔가 먹을 걸 얻어올 수 있다는 걸 알고 있음을, 게다가 그 먹이가 어떤 사람 손에서 나온다는 것을 알고 있음을 보여 준다. 이는 이미 '문명화'된 행위이며, 도시라는 공간에 사는 시민의 행위이다. 들개는 도시의 시민이다. 사람들이 이 문제를 제대로 생각해 본 적이 있을까? 인간이 아닌 동물을 도시의 시민이라고 할 수 있을까, 없을까?

길에서 먹이를 먹고 있는 단백질(1995년 9월).

606일채(9월)

　　　　　큰일이 났다. 오후에 단백질과 또라이깜보가 갑자기 대로에 나타나 돌아다녔다. 그뒤로 물정 모르는 새끼 한 마리가 보였다. 예전에는 볼 수 없던 광경이다.

　　새끼는 어리숙하고 무지하며 가엾어 보인다. 할 줄 아는 거라곤 단백질과 또라이깜보를 따라 뛰어가는 것뿐이다. 생후 3개월도 되지 않은 새끼가 빠른 속도로 차량이 오가는 대로를 돌아다니고 있으니 이게 얼마나 위험한 일인가? 그나마 차량이 많이 줄어든 시간이라 멀리서 녀석들을 본 차량이 알아서 돌아가며 피해 갔다.

새끼가 왜 둘의 뒤를 따라왔을까? 이렇게 새끼를 데리고 대로를 다니는 부모 개가 어디 있단 말인가? 단백질이야 경험이 없으니 그렇다 치더라도 또라이깜보까지 이렇게 어리석다는 말인가?

알고 보니 초등학교 운동장에서 공사가 계속되면서 운동장 전체가 쟁기로 갈아엎은 논밭처럼 완전히 변한 상태였다. 그 바람에 보금자리가 완전히 망가지자 일순간 당황한 녀석들이 급하게 도망 나온 것이었다. 그 바람에 새끼도 깜짝 놀라서 정신없이 부모 뒤에 따라붙으며 집을 떠난 것이다. 보통 강아지들은 많이 놀라지 않는 한 이 나이에 거리로 뛰어나오지 않는다. 그렇다면 나머지 새끼 두 마리는 어떻게 된 것일까? 아마도 죽었을 가능성이 높을 것이다. 단백질 일가가 이런 일을 당했다는 사실을 안 잡화점 주인은 눈물을 감추지 못하면서도 이게 버려진 개의 말로임을 받아들였다.

단백질과 또라이깜보 그리고 새끼 한 마리인 세 식구가 안전하게 길을 건넜다. 길 위에 선 또라이깜보는 뭔가 항의하고 싶은데 어떻게 표현해야 할지 몰라 했다. 주위를 살펴보는 것 같기도 했지만, 무력감이 가득 차 보였다. 단백질이 새끼를 데리고 길 옆 차량 아래로 숨어들었다. 어디로 가야 할지 막막하기만 했다.

📔 613일째 (9월)

어제 동아가 새끼들을 데리고 뒷동산 산꼭대기로 돌아갔다. 신이 난 새끼들이 앞에서 뛰어갔고, 동아는 천천히 뒤를 따라갔다. 요즘 들어 새끼들이 자주 산에 오르다 보니 이제는 산길이 익숙했다. 거기다가 다들 몸도 건장해 뛰어갈 때 보면 같은 나이였을 때 감자보다 속도가 훨씬 더 빨랐다. 그것도 모자라 장난치고 놀면서 뛰어 올라간다. 그런데 올라가던 도중 새끼 한 마리가 비명을 질렀다. 평상시와 달리 처절한 느낌이었다. 동아가 급히 달려가서 보니 엎어진 새끼 한 마리가 목에서 피를 흘리며 전신발작을 일으키고 있었다. 아마도 말레이시아살모사 같은 독사에게 공격을 당한 것 같았다. 동아는 깜짝 놀란 나머지 새끼 두 마리를 데리고 산 아래로 급히 뛰어 내려갔다. 독사에게 물린 새끼는 얼마 못 가 숨이 끊겼다.

📔 614일째 (9월)

이른 아침, 동아가 검은색, 누런색 새끼들을 데리고 공터에 나타났다. 일단 둘에게 각각 구구와 황황이라는 이름을 붙여 주었다. 처음으로 이 둘을 데리고 공터를 찾은 동아는 간이차고로는 가지 않았다.

구구는 동아를 바짝 뒤쫓았고, 황황은 여기저기 막 걸어 다녔다. 동아는 수시로 걸음을 멈춰 황황이 오기를 기다렸다가 새끼들을 데리고 뒷동산으로 돌아갔다. 두 녀석은 어린 시절 감자보다 건강할 뿐 아니라 피부병도 없었다.

최근 감자는 삼겹이와 같이 골목길 중앙 용수나무 아래서 지내는데 그 와중에 온이와 만나게 되었다. 온이는 체격이 삼겹이와 맞먹는 암캐로, 서너 달쯤 전에 버려지면서 이곳에 출몰했다. 당시 젖꼭지가 막 졸아 붙은 모양새여서 새끼를 키운 지 얼마 되지 않아 버려졌음을 확신할 수 있었다. 듣자니 온이의 새끼들은 모조리 어딘가로 보내졌다고 한다. 감자는 이제 예전처럼 기민하지도 않고, 골목길 귀퉁이 아무 데나 드러눕기도 하면서 자신이 인간과 그렇게 거리를 두는 개가 아님을 내보였다. 들개의 처지에서 보면 혈육과 어느 정도 소원해진 상황에서 대신 사람과 가까이 지내며 따뜻한 관계를 유지해야 할 필요가 생긴 것인지도 모른다.

감자는 시장에 가기로 마음먹었다. 지난번에는 그 많은 차가 산꼭대기에서 아래로 내려오는 이유가 뭔지 궁금해서 대로를 따라 산 위로 뛰어 올라간 것이었지만, 이번에는 시장에 사는 암캐가 발정기에 접어들었기 때문이다. 암캐의 발정에 이상할 정도로 흥분한 감자는 손이라도 한 번 잡아보고 싶다는 마음인지 고생을 마다하지 않고 걸어갔다.

녀석은 먼저 연못을 돌아 대로에 도착했다. 적지 않은 차량이 산 위에서 빠른 속도로 내려왔다. 감자는 찻길을 따라 좀 걸어가다가 차 소리가 들리지 않을 때쯤 살짝 긴장한 채로 길을 건넜다. 반 정도 갔을 때 저쪽에서 커다란 트럭 한 대가 달려왔다. 트럭이 내는 귀가 찢어질 듯한 큰 소리에 놀란 감자가 황급히 내달렸다. 그러다 어떻게 한 것인지는 모르지만 어쨌든 녀석은 시장으로 가는 작은 골목에 발을 내디뎠다. 감자는 골목을 따라 천천히 뜀박질하며 시장으로 향했다.

작은 골목이라고는 해도 101번지 골목길보다 오토바이와 차량이 더 자주 다니는 곳이었다. 감자는 여전히 길옆에 딱 붙어 허둥지둥 앞으로 향했다. 그러다가 곧 본능적으로 걸음 속도를 늦췄다. 이렇게라도 한 게 다행이었다. 마침 저 멀리 집개 한 마리가 나타나자 감자는 함부로 까불 엄두도 내지 못하고 귀를 내리깐 채 고개를 숙였다. 보폭이 작아질수록 점점 더 약골처럼 굴었고, 꼬리는 아예 세 번째 뒷다리라도 되는 듯 축 내리깔았다. 세상에서 가장 비굴한 개처럼 보였다.

앞에서 다가오던 집개는 꼬리를 세로로 높이 치켜들고 앞뒤로 냄새를 맡다가 겁먹은 감자를 보더니 더는 괴롭히지 않았다. 그냥 잠깐 감자와 같이 있다가 바로 자리를 떴다. 집개가 떠나자 곧바로 주차장을 지나간 감자는 하릴없이 모여 있는 수캐 무리를 보고 이곳이 바로 현장임을 알아차렸다.

감자에게는 이번이 뒷동산에서 가장 멀리 떠나온 여정이다. 게다가 동행한 친구도 없이. 갑자기 기분 좋은 깨달음이 찾아왔고, 공기 중에는 전에 한 번도 맡아 본 적이 없는 새로운 냄새가 가득했다. 긴장되면서도 위험천만한, 하지만 더 짜릿한 자극이 흘러넘치는 이 순간, 또 다른 가능성, 아니 더 많은 가능성이 느껴지는 듯했다. 그건 생명을 걸고 도전해 볼 만한 모험이었다.

📓 615일째(9월)

　　　　　초등학교 운동장이 다시 조용해졌다. 또라이깜보와 단백질은 화가 난 모습으로 마지막으로 남은 새끼를 데리고 학교로 돌아왔다. 녀석들은 탁 트인 운동장 위를 한참 배회했다. 자기들 집이 바로 고압 철탑 구석에 있는데도 계속 망설이기만 할 뿐 들어가려 하지 않았다. 그곳에서 뭔가 무서운 일이 기다리기라도 하다는 듯 행동했다. 급박하게 도망간 다른 두 마리 새끼들은 어디로 간 것인지 알 수 없었다. 다행히 도망가서 살았다고 하더라도 자기들이 어디에 있는지 모를 것이다.

　셋은 황량하게 버려진 농구장에 엎드려 누웠다. 오후가 되자 단백질은 잡화점에 들러 억지로 음식을 삼켰고, 먹이를 들고 다시 돌아왔다. 농구장 골대 옆에 있던 새끼는 어미가 가져온 먹이를 신이 나서 먹어 치웠다. 또라이깜보는 몸을 일으키더니 빙 돌아 다른 구석으로 갔고, 그렇게 멀리서 먹이를 먹고 있는 새끼를 바라보았다.

학교 공사장에서 얼굴을 내민 단백질. 녀석이 새끼에게 젖을 물리던
보금자리가 바로 이 안에 있다(1995년 9월).

📝 618일째(9월)

　　잡화점에 먹이를 구하러 가는 또라이깡보와 단백질 뒤로 운 좋게 살아남은 새끼가 활기 넘치는 모습으로 깡충깡충 뛰며 따라붙었다. 이번 대참사를 거치면서 녀석도 더 자란 듯했다. 보기에 따뜻하고 감동적인 풍경이지만 도시 들개의 운명은 세계 각지에서 고난에 맞닥뜨리고 있는 다른 야생 포유류와 별반 다르지 않다. 장소만 도시로 바뀌었을 뿐이다.

　　질문을 던져 보자. 과연 타이베이에서 누가 새끼를 데리고 길거리를 산책하는 들개를 그냥 두겠는가?

　　보일 듯 말 듯 불길한 조짐이 스며들던 먹구름이 이 들개 가족 위로 무겁게 가라앉았다. 오늘은 또 왜 녀석들이 운동장에서 나와 길거리를 다니고 있을까? 알고 보니 지하철 시공 인부들이 현장조사를 위해 학교에 들어오는 바람에 놀란 녀석들이 뛰어 나와 여기저기 돌아다니고 있는 것이었다.

　　어젯밤 감자와 삼겹이는 수캐 서너 마리를 따라 용수나무 아래로 몰려갔다. 발정기에 접어든 온이 때문이다. 온이의 체취에 적어도 반경 500미터 안에 있는 수캐들이 다 몰려들었을 것이다. 그중에는 감자와 삼겹이가 처음 보는 개들도 아주 많았다. 감자와 삼겹이의 경우 가까이 다가가야 기회가 먼저 오리라는 심산으로 며칠 전부터 한발 앞서 온이에게 접근했다. 그때 이미 온이에게 발정이 올 것임을 알아채고 있었음이 확실하다.

엄마 아빠를 따라 여기저기 어슬렁거리던 단백질의 새끼(1995년 9월).

이른 아침, 온이는 나른한 모습으로 길가 한 귀퉁이에 누워 있었고, 옆으로 수캐들이 주위를 엿보며 계속해서 모여들었다. 하나같이 자기가 가장 지위가 높다는 듯 꼬리를 하늘 높이 치켜들었다. 사람으로 치면 다이아몬드나 비싼 손목시계를 자랑하는 행위나 마찬가지이다. 이런 식으로 자신의 신분을 드러내 이성이 자신을 받아 주길 바라는 것이다.

가장 가까이 따라붙은 놈은 푸르미로, 지금 찬밥 더운밥 가릴 처지가 아니라는 듯한 몰골을 하고 있었다. 그뒤를 바짝 쫓고 있는 놈은 오랜만에 등장한, 만화 〈달려라 바우〉의 주인공 바우를 닮은, 다크서클이라는 별명을 가진 백구였다. 그뒤에는 커다란 흑갈색 개가 보였

감자(왼쪽)와 삼겹이(오른쪽 뒤) 모두 참여한 짝짓기. 이번 짝짓기에 참여한 모든 수캐가 꼬리를 높이 치켜들었다. 온이(오른쪽 앞)와 〈달려라 바우〉 속 바우를 닮은 '다크서클(가운데 앞)' 그리고 푸르미(가운데 뒤)도 현장에 있었다(1995년 9월).

다. 멀리 산 위 주택가에서 모험삼아 와본 모양이었다. 그리고 마지막으로 뒷동산에서 내려온 삼겹이와 감자 그리고 집에서 몰래 나온 재패니스 스피츠가 살짝 멀리 떨어진 차량 아래에 누워 기회를 엿보고 있었다.

온이가 몸을 일으켜 자리를 옮기자 수캐들 사이에서 소동이 일어나더니 하나둘 온이에게 따라붙었다. 다들 손이라도 한 번 잡아 보고 싶은데 일을 그르칠까 봐 노심초사하는 모양새였다. 하지만 온이는 그냥 몸을 한 번 일으켜 본 것일 뿐이었고 바로 자리에 앉아 버렸다.

이런 동작에서 그리고 앞서 온이와 수캐들 사이의 거리에서 어떤 단서를 찾을 수 있다. 이번 짝짓기의 우선순위를 매겨 보면 푸르미가 1위, 다크서클이 2위이고, 나머지는 다 푸르미와 다크서클 다음이라는 뜻이다. 감자와 삼겹이는 짝짓기에서 늘 약세임이 여실히 드러났다. 하지만 온이가 도대체 누구를 짝짓기 대상으로 선택할 것인지는 여전히 미지수이다. 자리를 옮긴 온이는 늦도록 일어날 생각을 하지 않았다. 그 바람에 수캐들도 계속 옆에서 어디 갈 생각도 하지 못한 채 기다렸다. 짝짓기 기회를 잃기라도 할까 봐, 자손 퍼뜨릴 기회를 놓치기라도 할까 봐 다들 속을 태웠다.

그렇게 한동안 시간이 지나고 있던 차에, 한 행인이 남은 빵을 들고 건너왔고, 온이가 신이 나서 자리에서 일어나 빵을 먹었다. 이 동작에 수캐들이 흥분해서 난리가 났다. 그런데 아무도 예상하지 못한 일이 벌어졌다. 뜻밖에도 2순위였던 다크서클이 온이에게 올라타 버린 것이다. 원인이 뭘까? 알고 보니, 가까이 온 행인을 본 푸르미가 뭔가 좀 꺼림칙했는지, 행인이 온이에게 빵을 먹일 때 원래 있던 자리에서 물러나면서 온이와 좀 멀어지고 말았다. 그 순간 다크서클이 온이에게 다가가, 아예 몸 위로 올라타 버린 것이다. 단념하지 못한 푸르미가 들이닥쳐 내쫓는 데 성공하기는 했지만 다크서클도 포기하지 않고 다시 짝짓기를 시도했고, 결국 온이와 결합하는 데 성공했다. 이렇게 되어 버리면 누구도 끼어들기가 쉽지 않다. 속상한 푸르미가 다시 위협하려 했지만 대세는 이미 기울어지고 말았다.

푸르미는 다크서클 위로 올라타고, 위협하고, 큰 소리로 짖기도 하고, 겁을 주기도 했지만 다크서클은 죽어도 물러서지 않았다. 삼겹이

1 삼겹이와 감자(사진 속 제일 뒤쪽에 있는 개 두 마리)는 다크서클이나 푸르미처럼 온이와의 짝짓기를 위해 다급하게 굴지도 않았고, 적극적으로 나오지도 않았다(1995년 9월).

2 온이(왼쪽)를 서로 뺏기 시작한 다크서클(오른쪽)과 푸르미(중간).

다크서클이 목적을 달성하자 푸르미가 아주 못마땅해했지만 어쩔 수 없는 노릇이었다.

와 감자는 이 상황이 좋은 건지 속상한 건지 알 수 없었다. 재미있는 구경을 하는 듯하면서도 뭔가 좀 쓸쓸한 듯했다. 3순위였던 커다란 흑갈색 개는 계속해서 짖어 댔다. 눈앞에서 벌어진 상황에 불만이 이만저만이 아니라는 듯.

짝짓기가 끝나고 온이가 초등학교 운동장으로 가볍게 뛰어들어가자 나머지 수캐들도 뒤를 따라 부산을 떨며 사방을 돌아다녔다. 다크서클도 뒤를 따랐다. 아직도 만족하지 못하겠다는 듯이 말이다. 그러다가 온이는 또 하릴없이 용수나무 아래로 돌아와 휴식을 취했다. 푸르미가 여전히 제일 가까이 있었고, 그뒤에 다크서클이 자리 잡았다. 나머지 개들은 근처에서 계속 지켜보고 있었다.

중성화수술을 한 무화과는 매일 모습을 드러내기는 하지만 꼭 지구에서 사라져 버린 듯하다. 멀리 누워 다른 개들의 이런 모습을 바라보면서도 못 본 것처럼 행동한다. 자기와는 다른 어떤 동물의 행동이라도 된다는 듯 말이다. 중성화수술을 받고, 두 번이나 새끼를 전부 잃은 들개의 삶에는 분명 무언가가 빠져 있다. 주름이 가득 잡힌 무화과의 얼굴 위에 '슬픔'이라는 두 글자가 문신처럼 새겨진 듯했다.

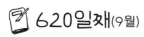 620일째(9월)

그치지 않는 장맛비 속의 이른 아침, 암캐 온

이는 여전히 발정이 난 상태였고, 101번지 골목길의 수캐들은 여전히 정신없이 온이 주변을 에워싸며 곁을 떠나지 않았다. 온이는 비를 피할 생각으로 대문이 활짝 열린 한 아파트로 들어섰다. 그뒤를 따라 같이 들어가는 수캐들도 있었고, 문밖에서 머뭇머뭇 망설이며 서 있는 수캐들도 있었다. 여기서 들개와 유기견, 집개 사이의 차이가 드러났다. 다크서클처럼 집에서 사는 개들은 짝짓기 기회를 찾아 대담하게 안으로 들어갔지만, 들개인 감자와 삼겹이는 문밖에서 갈팡질팡 못한 채 서 있었다. 녀석들은 뒷동산에서 사는 들개로 인간의 주거지에 대한 두려움이 강해 아파트에 들어갈 용기를 내지 못했다.

그럼, 푸르미는? 처음부터 끝까지 온이 옆을 지켰던 푸르미는 주인에게 잡혀가는 바람에 외출할 길이 막혀 버렸다. 그래서 다크서클이 이제 자신이 1순위라고 착각하고 있던 찰나, 골목길 식당가에서 온 자그마한 닥스훈트가 뛰어들어 막무가내로 구애를 펼치자, 쫓아다니는 수캐들을 도저히 견뎌 내기가 힘들었는지 온이가 뛰어나왔다. 그 결과 아파트 문 앞에서 대소동이 일어나고 말았다.

일단 온이가 하늘 무서운 줄 모르고 덤벼드는 닥스훈트에게 여러 차례 으르렁거렸다. 그런데 감자보다도 작은 닥스훈트는 포기하지 않고 귀찮게 굴었다. 푸르미가 없는 상황에서 제일 큰 형이 된 다크서클도 닥스훈트에게 쉬지 않고 짖어 댔다. 하지만 녀석은 눈 하나 깜짝하지 않았다. 성질을 돋우는 이런 태도에 다크서클이 맹공격을 퍼부었다. 그러자 땅바닥에 쓰러진 닥스훈트가 기회를 엿봐 도망쳤는데, 이때 마침 차량이 한 대 들어오다가 녀석의 엉덩이를 들이받았고 놀란 나머지 정신없이 달아나 버렸다. 이 아수라장을 틈타 감자가 온이에게 다가간 찰나 언제 왔는지 푸르미가 갑자기 앞에 나타나 나머지 개들을 죄다 쫓아 버렸다.

온이는 계속해서 도망치다가 새로 지은 아파트 구석으로 들어가 비를 피했다. 흥분한 다크서클과 푸르미도 쫓아갔다. 결국 싸움이 벌어졌고 그사이 온이에게 접근한 삼겹이가 결국 그녀와의 짝짓기에 성공했다.

점심 무렵 온이는 나른한 모습으로 담 모퉁이에 누워 휴식을 취했다. 주변에는 수캐 다섯 마리가 피곤하지만 절대 포기하지 않은 채 실눈을 뜨고 지켜보고 있었다. 그중 온이가 있는 자리를 기준으로 푸르미, 다크서클, 감자, 닥스훈트 이렇게 네 마리가 차례로 자리를 잡고 있었다. 녀석들이 극도의 흥분 상태임을 알 수 있었다. 그 외 살이 찌고 건장한 차우차우 한 마리가 옆에 엎드려 있었다. 암캐였는데 이 녀석은 여기서 도대체 뭘 하고 있는 걸까? 호기심에 왔다가 이 분위기에 끼어들어 놀기도 하고 뭔가 배워 갈 생각이 아니었나 싶다.

사람이 지나가자 감자와 삼겹이는 모두 숨어 버렸지만, 다른 집개들은 행인을 전혀 개의치 않았다. 유난히 재빠른 삼겹이는 아예 차량 아래로 숨어 버렸다. 온이가 몸을 일으키자, 감자가 있는 힘을 다해 그 위로 올라타 보려고 했지만, 온이는 감자를 위협하기만 했다. 불쌍하게도 감자는 또다시 실패했다.

📓 624일째(10월)

　　　　　　연이어 2~3일째, 온이 옆에는 감자만 남아
있다. 다른 수캐들은 죄다 뿔뿔이 흩어져 버렸다. 온이의 발정기가 거
의 끝났음을 알 수 있다. 하지만 아직도 상황 파악이 안 되는지 감자
는 온이 옆을 떠나지 않고 있다.

📓 626일째(10월)

　　　　　　어제 아침, 지하철 시공 인부가 다시 학교에
들어오는 바람에 또라이깜보 일가가 또 놀라고 말았다. 놀란 또라이
깜보, 단백질 부부가 새끼를 데리고 101번지 골목길로 뛰어 들어왔
는데 골목 입구에 서서 교통 지휘를 하던 경찰이 녀석들을 보더니 경
찰봉을 휘두르며 쫓아내려고 했다. 그 바람에 깜짝 놀라 길을 건너던
또라이깜보와 단백질은 새끼가 뒤에 따라붙지 못했다는 걸 의식하지
못했고, 새끼는 내달리던 자동차에 치여 구르고 말았다. 새끼가 여리
디 여린 비명을 뱉어 내자, 단백질과 또라이깜보는 쉼 없이 사방을
오가는 차량은 신경도 쓰지 않고 새끼에게 달려가서 새끼 옆에 서더
니 자리를 떠나지 않았다. 단백질은 아무 움직임도 보이지 않는 새끼
의 몸에 코를 갖다 대고 계속해서 냄새를 맡았다. 새끼가 아직 살아

있다는 걸 확인하고 싶어 했다.

　힘든 환경 속에서 긴밀한 관계를 맺고 있는 들개들의 경우, 배우자
나 새끼가 죽음에 이르면 불가사의한 신체 언어로 자신의 슬픔을 감
동적으로 표현해 내곤 한다. 그 안에는 시 속에서 형상화된 죽음의 이
미지처럼 특별나다 싶을 정도의 냉정함과 엄숙함이 배어 있다. 단백
질이 이때 지은 표정과 보인 태도, 정서 상태를 통해 지나가던 행인들
도 이런 것을 느끼는 것 같았다.

　그런데 하필 출근 시간이었다. 지나가던 차들은 죽은 새끼와 또라
이깜보, 단백질을 피하려고 길을 돌아가야 했다. 그 결과, 순식간에 차
들이 길게 늘어서며 막히고 말았다. 방금 녀석들을 내쫓았던 교통경
찰이 다시 뛰어와 또라이깜보를 발로 차자 또라이깜보가 울부짖었다.
교통경찰은 화가 나서 씩씩거리며 다시 경찰봉을 휘두르더니 단백질
을 쫓아냈다. 그러더니 강아지의 사체를 들어 옆 덤불에 옮겨 놓았다.
그러자 또라이깜보와 단백질 부부가 도로에서 나와 옆으로 비켜섰다.
그러고는 오랜 시간 계속 근처를 맴돌면서 경찰과 일정한 거리를 유
지했다. 그러더니 단백질은 발각될까 봐 두려운 듯 몸을 낮춘 채 덤불
속으로 들어가 새끼를 입에 물고 나왔다.

　또라이깜보와 단백질은 서로 의지해 가며 잡화점까지 천천히 걸어
갔다. 단백질은 새끼의 사체를 잡화점 입구 옆에 가져다 놓았다. 잡화
점 사장님이 죽은 새끼의 뒷처리를 도와주기를 바라는 듯했다. 하지
만 잡화점은 아직 문을 열지 않았고 그때 지나가던 사람이 혐오스럽
다는 듯 단백질을 위협하더니 강아지 사체를 옆에 있던 커다란 쓰레

기통에 내던져 버렸다.

단백질이 커다란 쓰레기통으로 다가가 냄새를 맡았다. 슬픔이 더 깊어진 듯했다. 우리로서는 느끼기 힘든 슬픔이리라. 단백질은 또라이 깜보와 어깨를 나란히 한 채 맞은편 길거리로 걸어가 슬픔을 가누지 못하고 차량 아래에 엎드렸다. 그런 상태로 아주 오래도록 일어나지 못했다.

들개들은 당연히 예상하지 못했을 것이다. 아침의 교통체증으로 사람들의 불만을 살 줄은. 민원이 접수되자, 유기견 추격대가 순식간에 나타났다. 게다가 이번 추격대에는 대원도 평상시보다 수십 명이나 많았다. 뭔가 단단히 준비하고 온 듯했다.

추격대 차량이 천천히 골목 입구에 다가왔을 때 단백질과 또라이깜보는 보이지 않았다. 추격대 차량은 이어서 골목 안을 순찰하기 시작했고 용수나무 아래서 삼겹이와 감자를 발견했다.

삼겹이는 추격대 차량을 보자마자 재빨리 골목 안으로 내달렸다. 하지만 오토바이 한 대가 앞에서 이쪽으로 오고 있다는 사실을 몰랐고, 결국 오토바이에 치이고 말았다. 녀석은 비참하게 외마디 비명을 지르며 길 옆으로 튕겨 나갔다. 그럼에도 정신없이 다시 일어나 달렸지만 속도가 나지 않았다. 망태기를 든 추격대원이 한걸음에 녀석을 따라 잡았다. 두껍고 무거운 그물망이 하늘에서 사뿐히 녀석 위로 포개어졌다. 추격대원은 삼겹이가 들어 있는 육중한 망태기를 트렁크 속으로 내던졌다. 삼겹이는 쓰레기 버리듯 버려졌다.

삼겹이는 눈앞이 어질어질했지만 억지로 일어났다. 주변에 자기와 같은 개 서너 마리가 보였다. 모두 일찌감치 숨을 거둔 상태였다. 기겁한 녀석이 발버둥 쳤지만 이를 예상한 추격대가 이미 몽둥이를 준비해 둔 터였다. 추격대원이 녀석의 머리를 향해 몽둥이를 모질게 휘둘렀고, 들려온 건 녀석의 고통스러운 신음 소리뿐이었다. 이 소리와 함께 바닥에 쓰러진 녀석의 몸은 다른 개의 사체 위로 가로누여졌다. 101번지 골목길에서 가장 기민하고 고집이 셌던 들개 삼겹이는 이렇게 비극적으로 생을 마감했다.

감자라고 해서 운이 좋은 것은 아니었다. 삼겹이가 정신없이 달아나자 당황한 감자는 하수구의 가늘고 긴 틈 속으로 파고들었고, 그곳에 숨은 채 몸을 덜덜 떨었다. 하지만 그곳은 사각지대였다. 나갈 수 있는 출구가 아예 없었다. 주변을 자세히 살피던 추격대는 이곳을 놓치지 않았다. 감자를 찾아낸 다음 곧바로 몽둥이를 들이밀고는 어두운 벽 틈 안을 온 힘을 다해 쉼 없이 푹푹 찔러 댔다. 나오지 않고는 배길 수 없도록.

몽둥이 앞부분에 바늘처럼 날카로운 쇠붙이를 부착한 듯했다. 그 몽둥이로 찔러 대자 감자는 처절한 비명소리를 질렀고, 고통스럽게 울부짖었다. 추격대원은 욕지거리까지 내뱉으며 녀석을 저주했다. 무슨 불구대천의 원한이라도 품고 있는 듯 굴었다. 토굴에 죄수를 데려다 놓고 칼로 한 점 한 점 쉼 없이 살점을 발라내며 능지처참하는 것이나 다를 바 없었다. 어떤 개든 이 소리를 듣는다면 무서워서 온몸을 덜덜 떨며 오줌을 지릴 것이다.

감자는 결국 이런 학대를 견뎌 내지 못했다. 점차 사그라지던 비명이 결국 아예 멈춰 버렸다. 아무런 기척이 없다는 걸 확인한 추격대원은 그제야 만족한 듯 공격을 멈췄다.

추격대 차량은 계속해서 천천히 앞으로 나아가 마지막에 쓰레기장에 도착했다. 그곳에서 일부러 시동을 끈 채 조용히 기다렸다. 개들이 추격대 차량이 어떻게 생겼는지 어찌 알겠는가? 아무것도 모르는 들개 한 마리와 온이가 바람을 쐬러 쓰레기장으로 들어왔다. 그때 순식간에 추격대 차량의 문이 열리면서 서너 사람이 튀어나와 둘을 에워쌌다. 상황 파악이 안 된 온이와 들개는 비명 한 번 질러 보지 못하고 쾅 소리와 함께 망태기 속으로 들어가고 말았다.

새끼 두 마리와 간이 차고에 있던 동아의 귀에 감자의 비명 소리가 들려왔다. 동아는 긴장한 모습으로 몸을 일으키며 귀를 쫑긋 세운 채 소리에 귀를 기울였다. 그러고는 새끼 둘을 데리고 재빨리 뒷동산으로 뛰어 올라가 수풀 속에 몸을 숨겼다.

예전 유기견 추격대는 골목길 끝까지 와서 차에서 내린 다음 대부분 쓰레기장에 머물렀다. 뒷동산에 올라가는 일은 거의 없었다. 게다가 임무 수행 인원도 기껏해야 한두 명 정도였다. 그런데 이번에는 확실히 달랐다. 그들은 목표가 분명한 군대처럼 움직였다. 그들에게는 어떻게 해서든 완성해야 하는 목표가 있었다. 추격대는 멀리 뒷동산을 바라보았다. 개는 단 한 마리도 보이지 않았지만 그들은 빠른 속도로 산에 올라 이곳저곳을 수색했다.

뭔가 이상한 낌새를 눈치 챈 동아는 다시 전심전력을 다 해 산꼭대기 쪽으로 뛰어갔다. 놀란 새끼도 몸을 일으켜 세워 엄마의 뒤를 바짝 따라붙었지만 순식간에 유기견 추격대에게 따라잡히고 말았다. 추격대는 잰걸음으로 몇 발자국 가더니 수풀 속에 있던 새끼 두 마리를 잡아서 차량에 실었다. 소스라치게 놀란 동아는 온몸을 덜덜 떨었다. 녀석은 고개를 돌려 뒤돌아볼 엄두조차 내지 못한 채 미친 듯이 산꼭대기 쪽으로 달아났고, 그러다가 다시 울부짖으면서 산 아래로 나뒹굴 끝에 공터에 도착하고 나서야 숨을 가다듬을 수 있었다.

골목 입구로 되돌아간 추격대 차량이 결국 차량 밑에 숨어 있던 단백질과 또라이깜보를 찾아내고 말았다. 새끼를 잃고 극도의 슬픔에 빠져 있던 녀석들은 추격대 차량이 가까이 다가오고 있다는 걸 눈치채지 못했다. 추격대원이 차에서 내리고 난 다음에야 수상쩍은 분위기를 감지한 녀석들이 곧장 학교 운동장으로 뛰어갔지만 추격대는 담장을 넘어 쫓아갔다. 그물망을 든 이도 있었고, 개 목걸이와 몽둥이를 쥔 이도 있었다. 심지어 조악한 철사와 나무 막대기를 들고 나타난 사람도 있었다. 추격 규정에 어긋나는 행태였다.

각기 다른 방향에서 계획적으로 녀석들을 둘러싼 네 사람이 한 발한 발 다가가며, 녀석들을 한쪽으로 몰았다. 처음에는 둘이 너무 놀라 허둥대며 크게 짖어 보기도 했다. 또라이깜보가 앞에 서서 추격대원의 다리를 물며 사납게 덤벼 보았지만 아무런 도움도 되지 못했다. 오히려 곧장 가장 참혹한 보복에 맞닥뜨려야 했다. 이곳저곳 떠도는 데 능하고 숨는 데도 일가견이 있던 들개 또라이깜보도 몽둥이질을 막아 내지 못했다. 녀석이 저항하며 내지른 쇠잔하고 처량한 비명이 마지막으로 운동장 허공을 갈랐다.

옆에서 벌벌 떨고 있던 단백질 역시 우악스러운 올가미에 목이 졸려 또라이깡보가 흘린 질퍽한 피바다 위에 쓰러졌다. 온몸이 피범벅이 된 이 부부는 함께 추격대 차량으로 끌려가 삼겹이가 누워 있는 사체 더미 위에 함께 포개졌다.

땅거미가 내려앉은 겨울날, 하늘은 유난히 빨리 어둠에 휩싸였다. 차가운 공기가 오늘따라 더 스산했다. 차가우면서도 어두운 101번지 골목길에 안개가 자욱하게 끼며 비까지 내렸다. 공터를 배회하던 동아는 머나먼 수풀을 뚫어지게 바라보았다. 무력하면서도 바보 같은 모습으로 그렇게 그쪽을 응시했다. 그런데 한참 시간이 지난 뒤, 하얀 그림자 하나가 수풀에서 서서히 모습을 드러내더니 동아를 향해 다가왔다. 그게 그림자든 무엇이든 움직이는 것만 보여도 동아 입장에서는 심장이 덜덜 떨리고 소름이 끼칠 상황이었다. 녀석은 긴장한 모습으로 귀를 세우고 몸을 일으키며 달아나려 했다. 그런데 다시 주의를 집중해 냄새를 맡더니 이내 안심하며 가까이 다가가 상대를 자세히 살펴보았다. 놀랍게도 그림자는 온몸이 만신창이 피범벅이 된 감자였다.

감자는 다친 오른쪽 다리를 절뚝거리며 상처투성이로 지친 몸을 이끌고 비틀거리며 천천히 공터로 다가왔다. 먼저 그쪽으로 다가선 동아가 감자의 머리에 뺨을 비비며, 감자가 안심할 수 있도록 다친 곳 이곳저곳을 핥아 주었다.

지친 감자는 엄마 동아의 위로를 받으며 지친 몸을 웅크렸다. 눈을 감고 땅바닥에 엎드리니 뒷동산 산꼭대기에서 살았던 어린 시절로 돌아간 듯했다. 그렇게 시간이 한참 지난 뒤 감자가 눈을 감고 잠에 빠져들었다. 그제야 동아도 감자를 위로해 주던 동작을 멈추고 옆에 몸을 뉘었다. 꼭 예전으로 돌아간 것만 같았다. 둘이 이렇게 서로 기댄 채 쓰레기 더미 위에서 기나긴 밤을 보낼 준비를 했다.

600여 일 전, 동아 일가는 이곳을 찾아와 밤을 보냈다. 아직 어린 꼬맹이도 함께했던 그때. 감자도 이미 멀어져 버린 그 시절을 기억하고 있으리라. 동아는 깊이 잠들지 못했다. 밝은 달빛이 둘의 몸 위를 비추었다. 동아가 고개를 들고 어둠 속에 잠든 황량한 들판을 멍하니 응시했다.

📓 630일째(10월)

둘은 흐리멍덩한 모습으로 엎드려 있었다. 그렇게 며칠을 보냈는지 모른다. 이른 아침 동아가 잠에서 깼을 때 감자는 이미 사라진 뒤였다. 감자가 다시는 돌아오지 않을 것만 같은 이상한 예감이 들었지만 동아는 일어나서 쫓아가지 않았다. 그저 몸을 일으킨 채 넋이 나간 모습으로 시선을 저 멀리 던질 뿐이었다. 어쩌면 이게 들개들이 이별하는 방식인지도 모른다. 동아는 다시 뒷동산으로 돌아갔다. 어쩐지 감자가 분명 그쪽으로 걸어갔을 거라는 생각이 들었다.

사실이었다. 감자는 정말 그쪽을 향해 떠났다. 움직임이 좀 굼뜨긴 했지만 며칠 전 다쳤을 때에 비하면 많이 나은 상태였다. 적어도 절뚝거리며 천천히 산을 오를 수 있을 정도는 되었다. 유동나무가 다시 잎을 떨어뜨리기 시작한 참이었다. 잎 하나가 감자 앞으로 조용히 떨어졌다. 산 위가 어찌나 쓸쓸하고 적막한지, 그래봤자 10센티미터 정도밖에 안 되는 잎사귀가 땅에 떨어지는 소리도 무겁게 울려 퍼졌다.

감자는 잎사귀를 밟으며 쓰레기장으로 내려갔다. 먹이를 찾고 싶었지만 아무것도 없었다. 요새 여기서 몇 번 먹이를 찾아봤지만 예전보다 먹이 찾기가 힘들었다. 깊은 밤, 쓰레기차가 올 때가 되어 사람들이 쓰레기를 버릴 즈음에야 겨우 땅에 떨어진 것들을 주워 먹을 기회가 생겼다. 하지만 이 역시 감자의 문제만도 101번지 골목길에서만 벌어지는 일도 아니었다. 도시 전체가 새로운 쓰레기 수거 정책을 펼치고 있었고, 온 도시의 들개들이 이 도시에 터를 잡고 살아온 이래 가장 어두운 시대를 눈앞에 두고 있었다. 새로운 쓰레기 수거 정책이 성공을 거두면서 이 도시에서 들개들의 생존 공간은 더 사라지게 될 것이다.

20여 년 전, 도시 중심부 기차역 육교 옆에는 부랑자 같은 모습으로 거리를 활보하는 들개가 있었다. 10여 년 전, 도시 변두리의 뒷동산과 황량한 땅, 쓰레기장을 터전으로 살아가는 들개를 그나마 볼 수 있었다. 이제 쓰레기장마저 사라져 버리면 들개들의 생활 공간은 더 축소될 것이다. 이 도시에는 사람과 바퀴벌레, 쥐 그리고 사람들에게 사랑받는 집에서 키우는 개와 고양이만 남게 될 것이다.

그 누구도 들개의 생존권을 위해 나서지 않을 것이다. 들개는 도시

문명의 일원이라고 할 수 있을까, 아니면 유행 지난 폐기물에 지나지 않는 것일까? 101번지 골목길에 사는 들개들은 당연히 이 문제에 대해 생각해 볼 방법이 없다. 심지어 자신의 생존권을 주장할 방법도 없다. 그들은 최후의 증인들일 뿐이다. 도시를 표류하는 들개로서의 삶을 참혹하게 경험한 증인.

감자는 눈에 익은 골목길을 천천히 지나, 골목길 입구에 발을 디뎠다. 몸은 훨씬 더 나아진 듯했다. 아니 솔직히 말하면 고통을 더 잘 견딜 수 있게 되었다고 해야 맞는 말이다. 거리에는 여전히 도심으로 향하는 크고 작은 출근 차량의 기나긴 행렬이 이어져 있었다. 녀석은 긴 터널을 넘어 저쪽으로 갈 채비를 했다.

감자는 골목길 입구 인도 위에 섰다. 이곳 역시 사람들 물결로 넘실거렸다. 아무도 감자를 신경 쓰지 않았다. 학생들도 직장인들도 그저 앞만 보며 걸어갔다. 몇 번이나 밟힐 뻔했고, 걷어차일 뻔했지만 운 좋게도 녀석은 매번 재빨리 몸을 피했다.

물론 먹이 같은 건 구경도 하지 못했다. 교통경찰 두 명이 호루라기를 불며 계속해서 경찰봉을 휘둘렀고, 오가는 차량을 지휘했다. 대부분이 터널 쪽으로 가는 차들이었고, 다른 방향은 대로와 시장을 향해 있었다.

감자가 멀리서 터널을 바라보았다. 곤혹스러웠다. 저기로 가야 할까? 사실 깊이 생각한 끝에 내린 결정이 아니었다. 어쩌면 녀석도 알고 있었을 것이다. 다른 길이 없다는 걸.

전에는 절대 가면 안 되는 길이라고 여겼던 그 막연한 방향이 오늘은 갑작스레 매력적으로 느껴졌다. 뭔가가 확 열리는 듯했다. 명확한 무언가가, 아름다운 무언가가 그곳에 있다고 알려 주는 것 같기도 했다.

우리로서는 이해하기 힘든데 감자는 고통을 참으며 터널을 향해 천천히 가볍게 뛰어갔다. 고개 한 번 돌리지 않고 그렇게 내달렸다.

상식에 반하는 감자의 행동은 사실 결코 특수한 동물 행위 사례가 아니다. 수많은 철새 무리에서도 길을 잃은 철새들이 나온다. 아득히 드넓은 하늘 아래, 남북으로 이동해야 할 새들이 그게 불가능한 시기에, 그래서는 안 되는 곳에 머물러 버린다. 광활한 바닷속 고래도 가끔 이런 행동을 한다. 어이없게도 중간에 멈춰 버리거나 큰 강으로 유영해 들어가 버리는 경우도 있다. 들개라고 예외는 아니다. 불명확한 상황이 되면 들개의 생리에 어긋나는 행동을 한다. 환경의 압박과 변화가 이런 모험을 불러올 수도 있지만, 성격이 더 큰 영향을 끼치기도 한다.

그동안 감자는 이와 비슷한, 이런 행위에 근접한 행동을 했었다. 자기 자신도 본인이 무엇을 쫓고 있는지 모를지도 모른다. 녀석은 그저 앞으로 갈 뿐이다. 끔찍한 기억이 가득한 101번지 골목길에 더 이상 머물러 있고 싶지 않으니까. 녀석은 차량과 오토바이에 붙어 터널로 뛰어 들어갔다.

식당 단골손님이 전에 이야기했듯 들개 중에 이런 시도를 해본 녀석이 몇몇 있다. 하지만 대부분 방심하다가 지나가던 차에 치여 죽었다. 터널을 건너 아무 일 없이 돌아왔다는 전설 속 그 집개를 빼면 안전하게 터널을 건넌 개는 없는 듯했다.

감자가 전설 속 집개와 같은 기회를 움켜쥘 수 있을까? 다행히 터널 입구가 차량으로 막혀 버렸다. 차들은 가다 서기를 반복했고, 엔진 소리와 클랙슨 소리가 여기저기서 울려 퍼졌다. 감자는 천천히 뛰면서도 중간중간 수시로 뒤를 돌아봤다. 뭘 보고 싶었던 건지 모를 일이다. 녀석은 대부분 앞을 바라보면서, 꼬리를 살짝 늘어뜨린 채 귀를 풀어놓고 움직였다. 감자는 다른 쪽 터널 입구의 공기 냄새를 맡았다. 점점 더 맑고 산뜻한 기운이 느껴졌다. 터널 저쪽의 작은 햇빛 조각이 점점 더 커졌다. 녀석은 허약한 몸을 이끌고 수많은 차들과 함께 앞으로 나아갔다.

황혼이 내려앉을 무렵, 동아가 천천히 101번지 골목길을 지나갔다. 다른 들개는 단 한 마리도 보이지 않았다.

📓 655일째(11월)

공터에서는 굴착기가 땅을 파고 있었고, 덤프트럭까지 들어와 있었다. 동아는 습관적으로 간이 차고로 돌아갔다. 농부 아저씨가 가져다놓은 스테인리스 대야가 아직 거기 있었다. 아저씨는 동아 먹으라고 밤낮으로 대야에 먹다 남은 밥과 음식을 가져다 둔다. 동아는 가끔 유동나무 나뭇잎이 가득 떨어진 오솔길을 지나 뒷동산으로 올라간다. 공터에 안 간 지는 이미 좀 되었고, 골목 입구에 가는 일도 거의 없다.

어쩌다가 한 번씩 자기도 모르게 고개를 들어 골목 입구 쪽 방향을 바라보곤 한다. 감자와 삼겹이 아니면 자기가 아는 다른 들개를 기다리기라도 하듯. 하지만 아무것도 보이지 않았다. 단 한 마리도 나타나지 않았다. 20여 일이 지나갔고, 101번지 골목길 전체는 죽은 듯 잠잠해졌다.

매일 저녁이 되면 농부 아저씨가 동아를 찾아가 밥과 음식을 담아 놓는다. 밥을 다 먹고 나면 녀석은 한쪽 귀퉁이에 엎드려 버린다. 한참을 지켜보던 아저씨가 가까이 다가가 손으로 녀석을 어루만져 주었다. 녀석은 거부하지 않았다. 그냥 사랑스러운 모습으로 계속 조용히 누워만 있었다. 처음 사람의 손길을 받으니 뭔가 좀 불편해 보이기도 했지만 마음은 편해 보였다. 그러다 눈을 감았다.

문득 잠이 들었는데 목에 뭔가 채워진 것 같은 느낌이 들었다. 긴장한 채 눈을 떠보니 농부 아저씨가 앞에 앉아 두 손으로 동아 목에 이름표를 달아 주었다. 녀석은 발버둥 치지 않았다. 목에 걸린 이름표를 그냥 조용히 받아들였다. 농부 아저씨가 자리를 뜬 뒤에도 동아는 계속 간이 차고에 엎드린 채 잠 속으로 빠져 들었다.

이듬해, 유동나무 잎이 떨어질 무렵, 다시 엄마가 된 동아. 다섯 번째 출산으로 새로운 생명을 얻었다(1996년 9월).

에필로그

누구도 제대로 이해하고
인식하지 못하는 들개 문제

1992년 초가을, 작은아들이 태어났다. 나는 육아를 위해 먼 길을 떠나 돌아다녀야 하는 수많은 생태 탐사 여행을 잠시 미뤄 둔 채 당시 살고 있던 동네 뒷동산에서 장기간에 걸친 자연환경 관찰에 돌입했다. 해발고도가 낮은 곳이었다. 그때는 무슨 공무원이라도 된 것처럼 일주일에 4~5일 뒷동산으로 들어가 풀과 나무의 동태를 살피곤 했다.

책에서 들개들의 생활 터전이라고 부르는 쓰레기장이 바로 옆에 있었다. 산꼭대기로 가려면 반드시 그곳을 지나야 했다. 그러다 보니 시간이 흐르면서 자연스럽게 그곳에 살고 있던 들개들의 일거수일투족에 익숙해졌다. 나는 보통 작은 노트를 들고 산으로 들어가 독특한 곤충이나 새, 꽃과 풀이 눈에 띄면 하나하나 기록하고 그림을 그렸다. 산속의 오색조, 검은목청딱새, 시냇가의 물총새와 쇠백로 같은 새들은 상당히 오래 쫓아다녔다. 새들이 나를 알아보고 내게 익숙해질 수 있도록 일부러 한 자리에만 앉아서 새들을 관찰했다. 그렇게 시간이 지나자 어떤 새들은 나를 나무 보듯, 자신을 해치지 않을 산속의 또 다른 식구를 보듯 받아들여 주었다. 나는 망원경으로 조용히 그리고 자세히 관찰해 나갔다. 그런데 그러다가 생각지도 못하게 들개까지 관찰하게 되었다. 나는 들개에게도 멀찌감치 떨어져 이런 식으로 접근했다.

사실 들개들을 처음 만난 곳은 쓰레기장이 아니라 산으로 올라가는 길목이었다. 당시 동아는 새끼를 밴 상태였다. 이른 아침 산에 올라가던 길에 몇 번 연거푸 저 멀리 맞은편에서 이쪽을 향해 오는 녀석을 발견했다. 녀석은 내가 몇 발자국 다가가면 나를 피해 수풀 속으로 사라지는 식으로 나를 피했고, 곧이어 뒤로 빠져나가서는 산 아래로 재빨리 뛰어 내려가곤 했다. 녀석의 이런 행동이 내 호기심을 자극했고 그러는 바람에 나는 쓰레기장에서 다른 들개들과 어울리는 동아의 모습, 젖을 물리고 먹이를 구해 먹이며 새끼를 돌보는 녀석의 흥미로운 행동들을 눈여겨보게 되었다.

사실 처음부터 들개를 관찰하려고 계획하고 시작한 것은 아니다. 뒷동산 꼭대기에서 동식물을 관찰하는 일은 절에서 스님들이 하는 수도와 다를 바가 없다. 자연종의 변화라는 것이 상당히 단조롭고 느리게 일어나기 때문이다. 게다가 그런 작은 뒷동산에 중대형 포유류가 있는 것도 아니지 않은가. 작은 포유류도 늦은 밤이 되어야 쓰레기장에 나타나는 게 일반적이어서 동작이 재빠른 쥐나 가을이 되면 산길을 갈아엎고 흙으로 작은 둑을 쌓는 두더지조차 만나기가 쉽지 않다. 나무 꼭대기에서 먹이를 찾아다니거나 둥지를 짓는 붉은배다람쥐 몇 마리 보는 게 전부였다.

오랜 시간 동안 숲 속에 앉아 있는데도 개미 한 마리 나타나지 않으면 망원경을 들개에게 돌려 따분함을 달래며 지켜보았다. 그러다가 새를 관찰할 때와 마찬가지로 들개 한 마리 한 마리 모두에게 내 나름대로 이름을 붙여 주고 매일매일 활동 내용을 기록하기 시작했다. 그러다가 생각지도 못하게 이 일에 재미를 붙이게 되었다. 녀석들의 생활상을 좀 더 명확히 들여다보기 위해 아예 단안 망원경을 설치하고 5층 우리 집 창문에서 공터를 왔다갔다하는 녀석들을 바라보곤 했다. 관찰하는 몇 년 동안 나는 의식적으로 행동을 조심했고, 연구자의 객관적인 자세를 유지하려고 애썼다. 녀석들과 가까이 지내지도 않았고, 생활에 간여하지도 않았다.

이런 자세를 유지하면서 오랫동안 녀석들을 관찰한 덕분에 나는 들개들의 흥미로운 행동을 많이 발견했다. 책에서도 본 적 없고, 개를 키울 때 알아야 할 지식으로 언급된 적도 없는 것들이었다. 이렇게 가까이서 관찰하면서 집에서 길러지다가 잔인하게 버려지는 개들을 여럿 보았고, 도시에서 살다가 잡혀서 죽임을 당하는 등 들개가 겪는 수많은 폭력도 목격하게 되었다. 들개들은 마음속으로 무슨 생각을 할까, 들개의 권리는 어디 있는 것일까, 들개 문제에 어떻게 접근해야 할까, 관찰하는 과정에서 이런 문제들이 내 고민의 핵심 화두가 되었고, 십여 마리에 이르는 녀석들을 묘사할 때도 이 부분을 중심에 놓고 다루고자 했다.

일기체 형식으로 쓰다 보니 어쩔 수 없는 고충도 있었다. 원래는 문학 작품이 아니라 한 도시의 들개들을 보며 느낀 점을 적어 둔 기록 정도에 불과했다. 게다가 당시 관찰했던 개들이 한두 마리가 아니고 녀석들의 이동 상황도 복잡해서 글로 처리하기가 상당히 어려웠다. 당시에는 사실 그때그때 흥미가 생기는 방향으로 기록하다가 생각지도 못하게 십여 년 뒤에 이 기록을 모아 책으로 내야겠다는 결심을 하게 되었다.

이런 결심을 하게 된 것은 들개가 처한 상황, 누구도 제대로 이해하고 인식하지 못하고 있는 상황에 느낀 바가 있었기 때문이다. 하나의 이야기로 묶을 수 있는 내용을 선택한 다음에 잡다한 가지들을 쳐 나가는 번잡한 과정을 거쳐 지금의 책이 탄생했다. 전체 이야기 중 일부는 내가 직접 목격한 것이 아니라 동네 경비 아저씨, 학교에서 일하는 분, 가게 사장님, 식당 요리사분, 교통경찰, 심지어 유기견 추격대에게 물어서 들은 내용을 토대로 짜맞춰 가며 완성했다.

동네 골목길에서 녀석들이 보이지 않을 때마다 주변 사람들에게 물어가며 녀석들의 상황을 제대로 묘사하려고 노력했다. 기본적으로 80~90퍼센트의 내용은 사실에 근거하고 있지만, 십여 마리 들개 중 딱 한 마리는 녀석의 운명이 너무 처량하고 안타까워서 실제보다는 아름다운 결말을 지어 주었다. 책을 다 읽고 난 독자라면 눈치 챘을 것이다. 그게 누구인지.

책에 실린 들개의 사진은 모두 105밀리미터 카메라를 사용해 멀리서 촬영한 것이고, 한 번도 녀석들에게 접근하기 위해 먹이를 미끼로 사용하지 않았다. 이렇게 글과 사진을 같이 놓고 보니, 어떤 종류의 글이라고 해야 할지 사뭇 머뭇거려진다. 하지만 이게 내가 하고 싶은 이야기를 제대로 할 수 있는 거의 유일한 방식이 아니었나 싶다. 이 책의 성격을 '보도'로 봐야 할까? 아니면 '소설'로 봐야 할까? 이런 고민은 글의 방향이나 흐름에 따라 학자들이나 전문가들이 판단해 주길 부탁할 수밖에 없다.

역자 후기

어떤 생명도 이런 시간을
견뎌야 할 이유가 없다

2014년 여름에서 가을로 이어지던 무렵, 이 책을 처음 읽었습니다.

사실 처음부터 한국에서 번역, 출간했으면 좋겠다는 생각을 하지 않았습니다. 지금으로부터 20년 전 타이베이에서 있었던 일이라 시의성이 떨어질 거라는 생각이 들었고, 제가 반려동물에 대한 이해도가 높은 편도 아니었기 때문입니다. 그냥 자연과 생태, 지역 고유의 문화에 관한 글을 오랫동안 써온 저자에 대한 관심으로 책을 구해 읽기 시작한 정도였습니다.

그런데 책을 읽으면서 생각이 바뀌기 시작했고, 다 읽을 즈음에는 한국에도 이 책에 공감할 독자들이 적지 않을 것이라는 데 생각이 미쳤습니다. 20년 전, 타이베이 어느 평범한 동네를 떠돌았던, 저자가 이름을 지어 주지 않았다면 이름 하나 얻지 못했을 들개들의 이야기였지만, 책은 20년이 지난 지금도 그냥 묻혀서는 안 될, 우리가 귀 기울여야 할 이야기, 어쩌면 들개들의 이야기를 넘어 우리 자신의 이야기를 하고 있다고 생각했습니다.

1990년대 중반, 저자 류커샹 선생은 타이베이의 어느 평범한 동네에서 살고 있었습니다. 우연한 기회에 동네 뒷산 근처에서 떠돌아다니던 들개 무리를 발견하고 소일거리 삼아 개들의 하루하루를 관찰하기 시작했습니다. 처음에는 아마 본인도 이 관찰이 2년 가까이 이어지리라고는 생각하지 못했을 것이고, 열두 마리나 되는 개들을 관찰하게 되리라는 생각도 하지 못했을 것입니다.

책 속의 개들은 아침에 눈 뜨는 순간부터 밤이 되어 잠이 들 때까지 늘 배고픔과 위협에 시달립니다. 먹이가 없어 늘 허기가 지다 보니 몸이 허약해져 툭하면 병에 걸리고, 운 좋게 살아남아도 언제 어디서 차에 치여 죽게 될지, 사람 손에 잡혀 처참한 죽음을 맞이하게 될지 알 수 없습니다. 함께 지내던 친구가, 새끼가, 엄마가 어느 날 갑자기 눈앞에서 사라져 영영 돌아오지 않는 일이 다반사로 일어나고, 어딜 가든 오해를 받고 위협을 당하니 늘 의기소침한 상태로 불안하게 살아갑니다. 무엇보다 끔찍한 사실은 이런 삶이 매일매일 반복된다는 것이었고, 어디에도 출구가 없어, 생을 다 하는 그날까지 그저 견디는 수밖에 없다는 것입니다. 들개가 아니라 우리의 삶이 이렇다고 가정해 보면 금방 알 수 있습니다. 이건 삶이 아니라, 지옥이라는 것을. 어떤 생명도 이런 시간을 견뎌야 할 이유가 없다는 것을.

'101번지 골목길'의 개들은 인간과 한 공간에 '함께' 살고 있지만, 사실상 '함께' 살지 못합니다. 책을 읽으면 읽을수록 이 거리의 풍경이 어쩐지 낯설지 않았습니다. 참사가 일어난 지 몇 년이 지났는데도 진상 규명이 되지 않아 거리에 서야 하고, 어느 날 갑자기 해고를 당해 거리에 나앉아야 하며, 늘 위험한 환경에서 목숨을 내놓고 일해야 하는 사람들의 이야기가 우리의 거리에 넘쳐나는 까닭입니다. 여성이라서, 성적 정체성이 달라서, 나이가 어려서 혹은 많아서, 몸에 장애가 있어서, 학력이 높지 않아서, 돈이 없어서, 외국인이라서, 종교가 달라서 등등의 이유로 하루아침에 너무나 쉽게 사회적 약자가 될 수 있는 사회에 살고 있다는 건, 거리로 내몰린 사람들의 이야기가 남의 이야기가 아닌 우리의 이야기이며, 출구가 보이지 않는 지옥 같은 삶을 인간이 아닌 다른 생명으로 태어났다는 이유로 강요당해야 하는 들개들의 이야기가 그들만의 이야기가 아닌 우리의 이야기라는 뜻이기도 할 것입니다. 우리가 이런 삶을 견뎌야 할 이유가 없듯, 거리의 개와 고양이도 이런 삶을 강요받아야 할 이유가 없습니다.

1990년대 중반이면, 타이완에서 쓰레기 분리수거가 실행되기 이전입니다. 타이완의 분리수거 방식은 우리와는 좀 달라서, 쓰레기를 종류별로 규격 봉투에 담아 보관하고 있다가, 정해진 요일, 정해진 시간대에 쓰레기차가 동네를 지나가면 그때 가지고 나가서 쓰레기차에 직접 버립니다. 덕분에 도시 미관상 보기 좋지 않은 기존의 쓰레기장은 사라졌을 것입니다. 위생면에서도 훨씬 더 나은 선택이었겠지요. 어느 날 갑자기 이렇게 모든 쓰레기장이 사라져 버렸을 텐데, 쓰레기장에서 먹이도 찾고 잠도 자던 개들은 어떻게 되었을까요? 쓰레기장이 사라지면서 들개들이 설 자리는 더 줄어들지 않았을까요? 물론 그렇다고 외관상으로 보기 좋지도 않고 위생적으로도 문제가 될 수 있는 쓰레기장을 무조건 남겨두는 것은 답이 아닐 겁니다. 다만 이제는 도시정책의 변화가 인간은 물론 우리와 함께 사는 다른 생명에게 끼칠 영향을 고려하는 방향으로 나아가야 한다는 생각이 들었습니다. 사람도 먹고살기 힘든 세상에 무슨 여유가 있어 그런 영향까지 고려해야 하느냐는 말이 나올 수 있습니다. 꿈같은 이야기 그만하라고 할 수도 있습니다. 그만큼 다들 살기 힘든 세상이기 때문입니다. 하지만 지금 당장 불가능하고 비현실적으로 보이더라도 적어도 그런 방향으로 나가려고 노력하다 보면, 다른 생명이 우리와 함께 살고 있다는 사실을 전제로 고민하고 더 나은 해결책을 찾아나가다 보면, 그 과정을 통해 거리의 동물들도 참혹한 삶을 강요받지 않을 수 있는 사회로, 그래서 결국 인간도 더 인간답게 살 수 있는 사회로 한 발 더 나아가게 될 거라는 생각이 듭니다.

책에서 끝까지 살아남은 어미 개 '동아'를 생각해 봅니다. 많은 새끼의 죽음을 목격하고, 친구를 잃고, 늘 배고픔에 시달리면서 언제 죽을지 모르는 불안 속에 사는 게 얼마나 고달팠을까요. 오래전에 쓰인 책이라서 동아는 이미 이 세상에 존재하지 않을 텐데 동아의 마지막 순간은 어땠을까요. 누군가 멀리서 안타까운 마음으로 자신의 하루하루를 지켜보고 이를 많은 사람에게 알리기 위해 기록으로 남겼다는 사실이 동아에게 위로가 될 수 있을까요?

'101번지 골목길'을 떠돌던 개들을 한 마리 한 마리 떠올려 봅니다. 이 책이 '위로'를 넘어 또 다른 101번지 골목길을 떠돌고 있을 녀석들에게 다른 삶을 가능하게 해 줄, 그래서 결국 우리의 삶도 더 나은 방향으로 변화시켜 줄 작은 불씨가 된다면, 책을 번역한 사람으로서 더할 나위 없이 행복할 것입니다. 101번지 골목길의 개들을 만날 수 있게 해 준 저자에게, 101번지 골목길의 개들에게, 출간을 결정해 준 책공장더불어에, 앞으로 책을 읽어 주실 모든 독자께 감사 인사를 드립니다.

남혜선

편집 후기

한국의 들개는
안녕한가

한국에 '들개'라는 낯선 단어가 등장한 것은 2000년대 들어서이다. 반려동물을 키우는 문화가 확산되면서 버려지는 개들도 덩달아 증가하던 때이다. 버려진 개들이 사람이 없는 산, 숲으로 숨어 들어가 적응을 하고, 제주, 시화호 등에서 가축과 야생동물을 공격하면서 문제가 되기 시작했다. 이후 서울, 울산, 대전 등 도시에서도 들개가 시민들의 눈에 띄기 시작했다. 반려견으로 살다가 버려진 개들이 산으로 들어가고, 무리를 지어 몰려다니면서 사회문제화되었다.

도시의 들개 문제는 주로 재개발 지역을 중심으로 발생했다. 주택가의 재개발이 진행되면서 이주하는 사람들이 버리고 간 개들이 골목을 가득 채웠고, 순식간에 반려견에서 유기견이 된 개들은 거리를 떠돌았다. 이중 많은 개가 식용견으로 개를 공급하는 개장수에게 잡혀갔고, 가까스로 개장수를 피한 개들도 굶어죽거나 질병으로 죽고, 추위를 견디지 못해 동사하거나 차에 치여 죽었다. 이런 과정을 거치며 남은 개들이 생존을 위해 상대적으로 안전하다고 여긴 산으로 들어갔다. 현재 산에 사는 들개 가운데 비율이 가장 높은 개는 진돗개이다. 소형견은 추위, 배고픔에 적응하지 못하고 심리적·신체적으로 쇠약해져 대부분 죽었기 때문이다.

본격적으로 들개 문제가 사회문제로 대두된 건 2010년 이후이다. 간혹 산을 찾는 사람들의 눈에 띄던 들개가 서울 북한산 주변 지역을 중심으로 증가하면서 민원도 증가했기 때문이다. 등산로나 산 주변 주택가에 들개가 나타나면서 사람들이 위협을 느끼고, 길고양이를 해치는 경우가 발생하면서 신고하는 사람들이 늘어난 것이다. 들개가 갑자기 늘어난 이유가 뭘까?

서울시는 2012년 진행된 은평구의 대규모 재개발 사업을 최대 원인으로 꼽는다. 재개발로 버려진 개들이 북한산으로 유입되고, 중성화수술이 안 된 개들끼리 짝짓기를 하면서 개체수가 증가한 것으로 파악하고 있다. 2012년 이전에는 북한산국립공원에서 자체적으로 들개를 포획하다가 민원 증가로 2012년부터는 서울시와 국립공원이 협력해서 포획하고 있다. 포획 들개 수는 2009년 3마리, 2010년 9마리, 2011년 35마리였던 것이 2012년 100마리, 2013년 96마리, 2014년 68마리, 2015년 117마리로 급증한다. 2016년에는 학습 능력이 뛰어난 개들이 포획틀에 들어가지 않아 포획이 어려워지자 집중 포획 기간을 설정하고 마취총까지 동원해서 상반기에만 69마리를 포획했다.

2016년 상반기까지 포획된 들개 수가 500여 마리에 이르지만 중요한 것은 민원은 여전하다는 것이다. 이는 들개를 포획하는 것만으로는 들개 문제를 해결할 수 없음을 증명한다. 서울시는 포획만을 들개 문제 대책으로 내세우고 있다. 마취총을 사용하고, 중앙정부에 들개를 '야생화된 동물'또는 '유해 야생동물'로 지정해서 관리할 것을 요청하고 있다. 이런 방식이면 더 많은 들개를 포획할 수 있겠지만 그게 과연 근본적인 해결 방안일까?

현재 지자체가 추진하는 들개 문제 해법에는 몇 가지 문제가 있다.

첫 번째 문제는 '들개'라는 용어의 문제이다. 지자체는 '산 속에서 여러 세대를 거치면서 야생화된 유기견'을 들개로 정의하고 있는데 이는 들개를 유기견과 다르게 분류해서, 다른 방법으로 해결하기 위함이다. 언어는 거리두기의 강력한 무기이다. 유기견이 들개가 되는 순간 같은 개라도 포악하고 위험하고 잡아서 없애도 되는 존재가 된다.

산속의 개들은 제거해야 할 대상이 아니라 공존할 수 있는 방법을 찾아야하는 생명이다. 게다가 산속의 개들은 그들 스스로 괴물이 된 것이 아니라 인간에 의해 버려진 후 산으로 들어가 살기 위해 애쓰는 생명이다.

들개라는 용어가 등장한 이후 언론에서 들개를 다루는 기사의 제목도 사나워지기 시작했다. '북한산 무법자', '등산객 공포', '무서운 번식력', '등산객 위협하는 들개' 등의 기사가 넘쳐난다. 이런 기사를 지속적으로 접하게 되면 사람들은 자연스럽게 들개를 없어져야 하는 무서운 존재로 여기게 된다. 어디에도 인간이 벌인 일에 대한 책임을 묻는 내용은 없다. 많은 사람들이 갖고 있는 들개에 대한 편견은 개에게 괴롭힘을 당한 적이 있는 자신의 경험이 확대되었거나 부정적인 언론 기사를 지속적으로 접하면서 형성된 것이다.

두 번째 문제는 포획된 들개를 기다리는 건 죽음뿐이라는 점이다. 암묵적이지만 잡힌 들개는 눈앞에서 죽이지 않을 뿐 대부분 죽는다. 들개는 포획되면 보호소로 가서 10~20일간 머물다가 입양자가 나타나지 않으면 안락사를 당한다. 보호소 관계자는 들개는 산에서 왔다는 편견, 새끼인데도 덩치가 크고, 소형견이나 품종견이 아니어서 다른 개들에 비해 문의하는 사람이 많지 않다고 했다. 산에서 포획된 개들을 기다리는 것은 안락사뿐이다.

물론 소형견이나 순종견도 안락사되는 마당에 그게 무슨 문제냐고 할 수 있다. 하지만 들개가 일반 유기견과 다른 점은 입양 가능성이 거의 없는 들개를 보호소로 보내는 일은 포획 때부터 이미 안락사를 염두에 두고 있다는 의미이다. 살아 있는 생명이 아니라 폐기물처럼 그들을 바라본다는 의미이고, 그래서는 올바른 대책이 나올 수 없다.

들개는 아직 소수에 불과하다. 더 늦기 전에 들개를 죽어도 상관없는 존재로만 보지 말고 어떻게 하면 그들을 살리면서 개체수를 줄여 나갈 수 있는지 고민해야 한다. 민원을 줄이기 위해 다급히 다가가지 말고 들개 또한 공존해야 하는 생명으로 바라보는 철학이 필요하다.

이러다 보니 잡혀가면 죽는 것을 아는 등산객이나 주민이 포획 틀에 잡힌 들개를 풀어주고, 안타까운 마음에 그들의 밥을 챙긴다. 이게 당연한 인간의 마음이다. 지자체는 등산객과 주민에게 잡힌 들개를 풀어주지 말고 밥도 주지 말 것을 당부하지만 잡혀가면 죽는 상황이 반복되는 한 들개를 살리려는 사람들의 자발적 활동을 막을 길이 없다.

세 번째 문제는 계속 산으로 유입되는 버려진 개들을 막을 방법에 대한 고민이 없다는 점이다. 북한산 주변에서 시작된 서울시 들개 문제만 봐도 관악산, 인왕산, 백련산 등으로 번지고 있다. 지금처럼 산 주변에서 버려지는 개의 수를 줄이지 못한다면 아무리 들개를 잡아도 개들은 살기 위해 끊임없이 산으로 올라갈 것이다.

서울시 보도자료에는 들개를 유기견과 분리해서 더 강력한 방법으로 처리하는 것을 근본적인 해결 방법이라고 적고 있다. 이것을 근본적인 해결 방법이라고 할 수 있을까? 이런 방법으로는 당장의 민원도 줄일 수 없을 뿐 아니라 앞으로 더 늘어날 들개의 개체수 문제도 해결할 수 없다. 근본적인 해결 방법은 산 주변에서 산으로 유입되는 버려진 동물들을 차단하는 것인데 서울시는 이에 대한 대책은 내놓지 않고 있다.

그렇다면 들개 포획 후 안락사라는 현재의 민원 해결성 대책 말고 모두가 동의할 수 있는 해법이 있을까?

누구나 생각할 수 있는 가장 상식적인 해법은 산으로 유입되는 유기견을 막는 것이다. 그러려면 기본적으로 산 주변의 유기견을 줄이는 대책이 필요하다. 물론 이런 방법이 당장 민원을 줄이는 데 큰 도움이 되지 않는 장기적인 대책이어서 현실적인 해법이 아니라고 생각할 수 있다. 하지만 이 방법만이 들개 문제를 해결할 수 있는 유일하고 근원적인 방법이다.

일단 산 주변에 사는 반려견에 대한 조사가 필요하다. 그런 다음 그들을 중심으로 유기견 발생을 방지할 수 있는 활동을 적극적으로 펴나가야 한다. 반려동물의무등록제를 활용해서 산 주변에 사는 반려견을 등록하면 현황을 파악할 수 있다. 그리고 만약 개를 키우지 못하게 된다면 버리지 말고 연락을 부탁하면 적어도 산으로 가는 개들을 막을 수 있다. 또한 산 주변에는 소규모로 개 농장을 하거나 풀어놓고 대책 없이 수십 마리의 개를 키우는 사람들이 많은데, 그런 곳에 대한 관리·감독을 철저히 하는 것도 대량의 개가 산으로 가는 것을 막는 방법이다.

더불어 산 주변 반려견에게 중성화수술을 시키도록 유도한다. 반려동물 등록과 중성화수술에 대해 경제적 부담을 느끼는 경우는 지자체가 경제적인 지원을 한다. 이렇게 산 주변 개들의 중성화수술률이 높아지면 버려지더라도 산으로 간 개가 짝짓기를 통해 개체수를 늘리는 일은 없을 것이다.

농림축산식품부의 반려동물 관련 자료에 따르면 2015년 발생한 유기동물은 8만 2,000마리이며 이중 42.7퍼센트인 3만 5,000마리가 안락사와 자연사로 죽었다. 동물단체들은 실제 유기동물의 수는 정부기관이 파악하고 있는 수의 몇 배가 될 거라고 보고 있다. 또한 2014년부터 반려동물 등록이 의무화되었지만 매년 신규 등록 수가 점점 줄어들고 있어 이 또한 효과를 보지 못하고 있다.

이처럼 관련 제도가 온전히 작동하지 못하면서 유기동물이 양산되는 상황에서 산속의 들개 몇 마리 포획한다고 들개 문제가 해결되리라고 보는 것은 순진한 생각이다. 일단 산 주변을 시작으로 반려동물의무등록제를 강화하고 소규모 개 농장 등 관리 밖에 있는 개들에 대한 관리를 강화해야 한다. 수도꼭지를 잠그지 않는 한 넘치는 물을 막을 수는 없다.

다음으로 장기간의 관찰을 통해 축적된 자료를 바탕으로 포획한 들개와의 공존 방법을 모색해야 한다. 하지만 현재 지자체는 축적된 자료없이 대책만 발표하고 있다. 그러다보니 지자체는 들개를 포획해야 하는 이유를 등산객과 주민을 위협하기 때문이라고 한다. 하지만 실제로 교육방송의 〈하나뿐인 지구-북한산 들개〉 편을 보면 들개들은 여전히 사람들을 통해 먹이를 구하고 있다. 정기적으로 밥을 챙기는 사람이나 지나가는 등산객이 음식을 놓고 사라지면 들개가 나타나서 먹거나 야생화가 덜 된 개들은 사람이 건네는 음식을 다가와 먹기도 했다. 여전히 개들은 사냥보다 사람들이 주는 음식에 의존해서 살고 있었다. 지자체는 여러 세대를 지나면서 야생화되어서 공격적이라고 하지만 이 정도라면 순화시켜서 여전히 인간과 함께 사는 것이 가능하다.

실제로 동물단체는 2015년 경기도 고양시 재개발 지역에서 버려져 떠돌던 개 150여 마리를 구조해서 돌보기 시작했다. 버려진 개들을 식용으로 팔릴 위험과 아사, 질병, 로드킬 등으로부터 구하기 위해서였으며, 인접한 북한산으로 들어가 야생화되는 것을 막기 위해서였다.

구조된 개들 중에는 이미 버려진 지 오래되어서 야생성을 띠거나 몇 세대가 이어진 경우도 있었다. 그래서 다른 유기견보다 돌보기가 힘들었지만 지속적인 중성화수술과 돌봄으로 점차 순화되어 갔다. 특히 생후 3~4개월이 넘지 않은 새끼나 순화가 빨리 된 개들은 입양을 갔다. 물론 아예 사람과 접촉이 없었거나 어미가 사람을 피하는 경우에는 순화 기간이 오래 걸리고, 전혀 순화가 되지 않은 개는 보호소에 남을 수밖에 없지만 이런 노력을 시도했다는 것이 중요하다.

그동안 서울시가 북한산에서 포획한 들개도 대부분 새끼들이니 이 방법을 도입했다면 많은 개체를 살릴 수 있었다. 지자체가 들개를 포획하여 돌볼 수 있는 공간과 재원을 마련하고 동물단체가 들개들을 순화 교육하고 입양하는 관리를 맡는다면 들개 문제를 죽이는 방향이 아니라 살리는 방향으로 해결이 가능할 것이다.

이런 방법이 가능한 이유는 서울시에서 판단한 들개 수가 2016년 기준 140여 마리이기 때문이다. 아직 그 수가 감당하기 어려울 정도로 많은 것이 아니니 단순 포획이 아니라 공존을 모색하는 해결 방법이 가능하다.

또한 사람이 다치는 경우가 발생하지 않도록 들개를 만났을 때 어떻게 행동해야 하는지 주민과 등산객에게 알려야 한다. 개의 습성을 모르는 사람들이 무섭다고 돌을 던지거나 등산용 폴 등을 휘두르다 보면 공격을 당할 확률이 높기 때문이다.

많은 사람들이 들개는 무섭다고 생각한다. 도시에서 쉽게 만날 수 없는 중대형 포유류인 들개가 무리를 지어 다니고 인간의 통제력에서 일정 정도 벗어나 있기 때문이다. 그래서 언제라도 들개가 공격할 수 있다고 생각한다. 하지만 이 책의 저자는 관찰을 통해 많은 들개가 사람에 대한 공포를 갖고 있다고 말한다. 들개 중 많은 수가 인간에게 버려지는 고통을 겪었고, 어떤 개라도 잔인하게 버려지면 몸과 마음에 큰 충격을 받는다. 밖에서 나고 자란 들개도 다른 개들이 겪은 좌절에 심리적인 영향을 받다보니 들개 대부분은 자신감도 없고 자존감도 떨어진다. 그러니 들개는 무서운 동물이라는 인식을 갖고 무작정 공격적인 행동을 취하거나 도망치다가는 오히려 공격을 당할 수 있다. 사실 들개에게 공격을 당하는 경우보다 평생 줄에 묶여 살거나 교육이 안 되어서 공격적이 된 집개에게 공격을 당하는 경우가 더 많다.

다행히 이 글을 쓰고 있는 현재까지 들개가 사람에게 해를 끼친 경우는 없다. 만약에 들개가 사람에게 해를 끼칠 경우 들개를 대하는 사람들의 태도 또한 순식간에 바뀔 것이다. 이 책에서 101번지 골목길 개들에게 닥친 살육의 순간이 단지 인간들의 아침 출근길을 지체시킨 별것 아닌 일이 발단이었듯 말이다.

2014년, 서울 성북구에서는 산에 사는 들개들이 주택가로 내려와 길고양이를 닥치는 대로 죽여 문제가 되었다. 캣맘과 동물단체, 방송사의 6개월간의 노력으로 들개 두 마리를 포획했는데 둘은 2~3살 정도로 어렸고, 모두 심장사상충에 걸려 있었다. 심장사상충은 모기를 매개로 해서 걸리는 무서운 병으로 야외에 사는 들개에게는 피하기 어려운 치명적인 질병이다. 그런데 당시 포획된 개들은 심장사상충 치료를 위한 주사도 맞기 힘들 정도로 건강 상태가 좋지 않았다. 산에 사는 들개의 삶이 한치 앞을 알 수 없을 정도로 비참함을 보여 주었다. 또한 이 개들의 상태로 보아 산속에 사는 들개들은 이미 영양불량, 질병, 추위 등으로 죽어 가고 있고, 우리는 어쩌면 죽어 가는 개들을 붙잡아 죽이고 있는지 모른다.

훈련소로 옮겨진 두 마리는 사람과의 친밀감을 회복하는 훈련을 집중적으로 받았고 한 달이 지나자 사람들과 산책을 다닐 정도로 좋아졌다. 어느 날 성북구 주민들이 훈련소를 찾았고, 그들은 달라진 개들의 모습에 기뻐하며 버려지고 힘들게 살던 과거는 다 잊고 살라며 들개의 새 삶을 응원했다. 그러면서 그들이 남긴 말이 우리가 들개를 어떤 시각으로 바라보아야 하는지 알려 주었다.

"얘, 눈 좀 봐. 이렇게 순한데. 보통 개하고 똑같아."

우리가 반려견과 식용견, 반려견과 들개, 품종견과 잡종견 등으로 나눌 뿐 개는 다 똑같은 개이다. 들개는 인간을 위협하는 괴물이 아니고 인간에게 버려져 죽음으로 내몰린 희생양임을 기억하자.

___

참고 자료

농림축산식품부 반려동물 관련 보도자료, 농림축산식품부 《2015 동물보호에 대한 국민의식 조사 결과 보고서》, 서울시 들개 관련 보도자료, 동물단체 카라 〈북한산 유기견〉, 교육방송 〈하나뿐인 지구–북한산 들개〉, SBS 〈TV 동물농장〉 등

동물과 이야기하는 여자

SBS 〈TV 동물농장〉에 출연해 화제가 되었던 애니멀 커뮤니케이터 리디아 히비가 20년간 동물들과 나눈 감동의 이야기. 병으로 고통받는 개, 안락사를 원하는 고양이 등과 대화를 통해 문제를 해결한다.

대단한 돼지 에스더

미니돼지인줄 알고 입양한 돼지 에스더는 사실 몸무게가 300킬로그램이나 되는 사육용 돼지였다. 에스더를 만나 채식을 하게 되고, 동물 보호소를 운영하는 등 삶이 바뀐 두 남자의 좌충우돌 유쾌하고 행복한 이야기.

노견 만세

퓰리처상을 수상한 글 작가와 사진 작가의 사진 에세이. 저마다 생애 최고의 마지막 나날을 보내는 노견들에게 보내는 찬사.

개.똥.승.

(세종도서 문학 부문)

어린이집의 교사이면서 백구 세 마리와 사는 스님이 지구에서 다른 생명체와 더불어 좋은 삶을 사는 방법, 모든 생명이 똑같이 소중하다는 진리를 유쾌하게 들려준다.

유기동물에 관한 슬픈 보고서

(환경부 선정 우수환경도서, 어린이도서연구회에서 뽑은 어린이·청소년 책, 한국간행물윤리위원회 좋은 책, 어린이문화진흥회 좋은 어린이책)

동물보호소에서 안락사를 기다리는 유기견, 유기묘의 모습을 사진으로 담았다. 인간에게 버려져 죽임을 당하는 그들의 모습을 통해 인간이 애써 외면하는 불편한 진실을 고발한다.

인간과 개, 고양이의 관계심리학

함께 살면 개, 고양이와 반려인은 닮을까? 동물학대는 인간학대로 이어질까? 248가지 심리실험을 통해 알아보는 인간과 동물이 서로에게 미치는 영향에 관한 심리 해설서.

개가 행복해지는 긍정교육

개의 심리와 행동학을 바탕으로 한 긍정교육법으로 50만 부 이상 판매된 반려인의 필독서이다. 짖기, 물기, 대소변 가리기, 분리불안 등의 문제를 평화롭게 해결한다.

임신하면 왜 개, 고양이를 버릴까?

임신, 출산으로 반려동물을 버리는 나라는 한국이 유일하다. 세대 간 문화충돌, 무책임한 언론 등 임신, 육아로 반려동물을 버리는 사회현상에 대한 분석과 안전하게 임신, 육아 기간을 보내는 생활법을 소개한다.

개, 고양이 사료의 진실

미국에서 스테디셀러를 기록하고 있는 책으로 반려동물 사료에 대한 알려지지 않은 진실을 폭로한다. 2007년도 멜라민 사료 파동 취재까지 포함된 최신판이다.

펫로스 반려동물의 죽음

(아마존닷컴 올해의 책)

동물 호스피스 활동가 리타 레이놀즈가 들려주는 반려동물의 죽음과 무지개다리 너머의 이야기. 펫로스(pet loss)란 반려동물을 잃은 반려인의 깊은 슬픔을 말한다.

우리 아이가 아파요!
개·고양이 필수 건강 백과

새로운 예방접종 스케줄부터 우리나라 사정에 맞는 나이대별 흔한 질병의 증상·예방·치료·관리법, 나이 든 개, 고양이 돌보기까지 반려동물을 건강하게 키울 수 있는 필수 건강백서.

개·고양이 자연주의 육아백과

세계적 홀리스틱 수의사 피케른의 개와 고양이를 위한 자연주의 육아백과. 40만 부 이상 팔린 베스트셀러로 반려인, 수의사의 필독서. 최상의 식단, 올바른 생활습관, 암, 신장염, 피부병 등 각종 병에 대한 대처법도 자세히 수록되어 있다.

개 피부병의 모든 것

홀리스틱 수의사인 저자는 상업사료의 열악한 영양과 과도한 약물사용을 피부병 증가의 원인으로 꼽는다. 제대로 된 피부병 예방법과 치료법을 제시한다.

암 전문 수의사는 어떻게 암을 이겼나

수많은 개 고양이를 암에서 구하고 스스로 암에서 생존한 수의사의 이야기. 인내심이 있는 개와 까칠한 고양이가 암을 이기는 방법, 암 환자가 되어 얻게 된 교훈을 들려준다.

강아지 천국

반려견과 이별한 이들을 위한 그림책. 들판을 뛰놀다가 맛있는 것을 먹고 잠들 수 있는 곳에서 행복하게 지내다가 천국의 문 앞에서 사람 가족이 오기를 기다리는 무지개다리 너머 반려견의 이야기.

고양이 그림일기

(한국출판문화산업진흥원 이달의 읽을 만한 책, 학교도서관 저널 추천도서)

장군이와 흰둥이, 두 고양이와 그림 그리는 한 인간의 일 년 치 그림일기. 종이 다른 개체가 서로의 삶의 방법을 존중하며 사는 잔잔하고 소소한 이야기.

고양이 임보일기

〈고양이 그림일기〉의 작가가 새끼고양이 다섯 마리를 한 달 넘게 돌보고 입양을 보냈던 내용을 그림으로 기록했다. 인간은 체력이 바닥이 나지만 그 사이 새끼고양이들은 각기 개성을 드러내며 쑥쑥 크고, 원래 있던 고양이들은 심술 내거나 품어준다.

우주식당에서 만나

2010년 볼로냐 어린이도서전에서 올해의 일러스트레이터로 선정되었던 신현아 작가가 반려동물을 만나 그들을 이해하고 책임지고 함께 성장하고 헤어지고 다시 만나기까지의 이야기를 네 편의 작품으로 묶었다.

고양이 천국

(어린이도서연구회에서 뽑은 어린이·청소년 책)

고양이와 이별한 이들을 위한 그림책. 실컷 놀고 먹고, 자고 싶은 곳에서 잘 수 있는 곳. 그러다가 함께 살던 가족이 그리울 때면 잠시 다녀가는 고양이 천국의 모습을 그려냈다.

나비가 없는 세상

(어린이도서연구회에서 뽑은 어린이·청소년 책)

고양이 만화가 김은희 작가가 그려내는 한국 최고의 고양이 만화. 신디, 페르캉, 추새. 개성 강한 세 마리 고양이와 만화가의 달콤쌉싸래한 동거 이야기.

깃털, 떠난 고양이에게 쓰는 편지

프랑스 작가 클로드 앙스가리가 먼저 떠난 고양이에게 보내는 편지. 한 마리 고양이의 삶과 죽음, 상실과 부재의 고통, 동물의 영혼에 대해서 써내려간다.

햄스터

햄스터를 사랑한 수의사가 쓴 햄스터 행복·건강 교과서. 습성, 건강관리, 건강식단 등 햄스터 돌보기 완벽 가이드.

토끼

토끼를 건강하고 행복하게 오래 키울 수 있도록 돕는 육아 지침서. 습성·식단·행동·감정·놀이·질병 등 모든 것을 담았다.

개에게 인간은 친구일까?

인간에 의해 버려지고 착취당하고 고통받는 우리가 몰랐던 개 이야기. 다양한 방법으로 개를 구조하고 보살피는 사람들의 이야기가 그려진다.

사향고양이의 눈물을 마시다

(한국출판문화산업진흥원 우수출판콘텐츠 제작지원 선정,
환경부 선정 우수환경도서, 학교도서관저널 추천도서, 국립
중앙도서관 사서가 추천하는 휴가철에 읽기 좋은 책, 환경
정의 올해의 환경책)

내가 마신 커피 때문에 인도네시아 사향고양이가
고통받는다고? 내 선택이 세계 동물에게 미치는
영향, 동물을 죽이는 것이 아니라 살리는 선택에
대해 알아본다.

동물들의 인간 심판

(대한출판문화협회 올해의 청소년 교양도서, 세종도서 교양
부문 선정, 환경정의 청소년 환경책, 아침독서 청소년 추천도
서, 학교도서관저널 추천도서)

동물을 학대하고, 학살하는 범죄를 저지른 인간
이 동물 법정에 선다. 고양이, 돼지, 소 등은 인간
의 범죄를 증언하고 개는 인간을 변호한다. 이 기
묘한 재판의 결과는?

동물은 전쟁에 어떻게 사용되나?

전쟁은 인간만의 고통일까? 자살폭탄 테러범이
된 개 등 고대부터 현대 최첨단 무기까지, 우리가
몰랐던 동물 착취의 역사.

고통받은 동물들의 평생 안식처
동물보호구역

(환경정의 어린이 환경책, 한국어린이교육문화연구원 으뜸책)

고통받다가 구조되었지만 오갈 데 없었던 야생동
물의 평생 보금자리. 저자와 함께 전 세계 동물
보호구역을 다니면서 행복하게 살고 있는 동물을
만난다.

동물학대의 사회학

(학교도서관저널 추천도서)

동물학대와 인간폭력 사이의 관계를 설명한다.
페미니즘 이론 등 여러 이론적 관점을 소개하면
서 앞으로 동물학대 연구가 나아갈 방향을 제시
한다.

인간과 동물, 유대와 배신의 탄생

(환경부 선정 우수환경도서, 환경정의 올해의 환경책)

미국 최대의 동물보호단체 휴메인소사이어티 대
표가 쓴 21세기 동물해방의 새로운 지침서. 농장
동물, 산업화된 반려동물 산업, 실험동물, 야생동
물 복원에 대한 허위 등 현대의 모든 동물학대에
대해 다루고 있다.

후쿠시마에 남겨진 동물들

(미래창조과학부 선정 우수과학도서, 환경부 선정 우수
환경도서, 환경정의 청소년 환경책)

2011년 3월 11일, 대지진에 이은 원전 폭발로
사람들이 떠난 일본 후쿠시마. 다큐멘터리 사진
작가가 담은 '죽음의 땅'에 남겨진 동물들의 슬
픈 기록.

후쿠시마의 고양이

(한국어린이교육문화연구원 으뜸책)

2011년 동일본 대지진 이후 5년. 사람이 사라진
후쿠시마에서 살처분 명령이 내려진 동물들을 죽
이지 않고 돌보고 있는 사람과 함께 사는 두 고양
이의 모습을 담은 평화롭지만 슬픈 사진집.

용산 개 방실이

(어린이도서연구회에서 뽑은 어린이·청소년 책, 평화박물관
평화책)

용산에도 반려견을 키우며 일상을 살아가던 이웃
이 살고 있었다. 용산 참사로 갑자기 아빠가 떠난
뒤 24일간 음식을 거부하고 스스로 아빠를 따라
간 반려견 방실이 이야기.

야생동물병원 24시

(어린이도서연구회에서 뽑은 어린이·청소년 책, 한국출판
문화산업진흥원 청소년 북토큰 도서)

로드킬 당한 삵, 밀렵꾼의 총에 맞은 독수리, 건강
을 되찾아 자연으로 돌아가는 너구리 등 대한민
국 야생동물이 사람과 부대끼며 살아가는 슬프고
도 아름다운 이야기.

동물원 동물은 행복할까?
(환경부 선정 우수환경도서, 학교도서관저널 추천도서)

동물원 북극곰은 야생에서 필요한 공간보다 100만 배, 코끼리는 1,000배 작은 공간에 갇혀서 살고 있다. 야생동물보호운동 활동가인 저자가 기록한 동물원에 갇힌 야생동물의 참혹한 삶.

동물 쇼의 웃음 쇼 동물의 눈물
(한국출판문화산업진흥원 청소년 권장도서, 한국출판문화산업진흥원 청소년 북토큰 도서)

동물 서커스와 전시, TV와 영화 속 동물 연기자. 투우, 투견, 경마 등 동물을 이용해서 돈을 버는 오락산업 속 고통받는 동물의 숨겨진 진실을 밝힌다.

고등학생의 국내 동물원 평가 보고서
(환경부 선정 우수환경도서)

인간이 만든 '도시의 야생동물 서식지' 동물원에서는 무슨 일이 일어나고 있나? 국내 9개 주요 동물원이 종보전, 동물복지 등 현대 동물원의 역할을 제대로 하고 있는지 평가했다.

똥으로 종이를 만드는 코끼리 아저씨
(환경부 선정 우수환경도서, 한국출판문화산업진흥원 청소년 권장도서, 서울시교육청 어린이도서관 여름방학 권장도서, 한국출판문화산업진흥원 청소년 북토큰 도서)

코끼리 똥으로 만든 재생종이 책. 코끼리 똥으로 종이와 책을 만들면서 사람과 코끼리가 평화롭게 살게 된 이야기를 코끼리 똥 종이에 그려냈다.

사람을 돕는 개
(한국어린이교육문화연구원 으뜸책, 학교도서관저널 추천도서)

안내견, 청각장애인 도우미견 등 장애인을 돕는 도우미견과 인명구조견, 흰개미탐지견, 검역견 등 사람과 함께 맡은 역할을 해내는 특수견을 만나본다.

채식하는 사자 리틀타이크
(아침독서 추천도서, 교육방송 EBS 〈지식채널e〉 방영)

육식동물인 사자 리틀타이크는 평생 피 냄새와 고기를 거부하고 채식 사자로 살며 개, 고양이, 양 등과 평화롭게 살았다. 종의 본능을 거부한 채식 사자의 9년간의 아름다운 삶의 기록.

치료견 치로리
(어린이문화진흥회 좋은 어린이책)

비 오는 날 쓰레기장에 버려진 잡종개 치로리. 죽음 직전 구조된 치로리는 치료견이 되어 전신마비 환자를 일으키고, 은둔형 외톨이 소년을 치료하는 등 기적을 일으킨다.

들개, 유기견, 떠돌이 개… 2년간의 관찰 기록

버려진 개들의 언덕

초판 1쇄 2016년 9월 22일
초판 2쇄 2018년 12월 10일

지은이 류커샹
옮긴이 남혜선
펴낸이 김보경

펴낸곳 책공장더불어
편 집 김보경
교 정 김수미

디자인 나디하 스튜디오(khj9490@naver.com)
인 쇄 정원문화인쇄

책공장더불어

주 소 서울시 종로구 혜화동 5-23
대표전화 (02)766-8406
팩 스 (02)766-8407
이메일 animalbook@naver.com
홈페이지 http://blog.naver.com/animalbook
출판등록 2004년 8월 26일 제300-2004-143호

ISBN 978-89-97137-21-3 (03330)

*잘못된 책은 바꾸어 드립니다.
*값은 뒤표지에 있습니다.

〈버려진 개들의 언덕〉 북펀드에 참여한 독자(가나다 순)
강두석, 강부원, 강영미, 강영애, 강은희, 고혜원, 구현지, 권민지, 김미애, 김민지, 김병희, 김상숙, 김세정, 김수영, 김정민, 김정은, 김정하, 김주현, 김중기, 김지은, 김태수, 김태윤, 김현주, 김현철, 김혜원, 김혜정, 김희경, 김희진, 남궁경, 류휘경, 민정희, 박귀련, 박근하, 박순배, 박연옥, 방소영, 서지현, 설진철, 성지영, 송은정, 송은하, 신정선, 심기용, 원성운, 원준, 유성환, 유승안, 유애숙, 유용우, 유인환, 윤혜원, 이강영, 이나나, 이승빈, 이신영, 이은선, 이정민, 이지은, 이지희, 이하나, 이호안, 전다래, 전미혜, 전화영, 정두현, 정혜영, 조병준, 조승주, 조정우, 최용자, 탁안나, 하은경, 한승훈, 허민선, 허민효(외 18명, 총 93명 참여)
참여해 주셔서 감사드립니다.